WHAT YOU DO
IS
WHO YOU ARE

你所做
即
你所是

打造企业文化的
策略和技巧

［美］本·霍洛维茨（Ben Horowitz） 著

钟莉婷 译

中信出版集团 | 北京

图书在版编目（CIP）数据

你所做即你所是：打造企业文化的策略和技巧 /（美）本·霍洛维茨著；钟莉婷译. -- 北京：中信出版社，2020.8

书名原文：What You Do Is Who You Are: How to Create Your Business Culture

ISBN 978-7-5217-1956-7

I.①你… II.①本…②钟… III.①企业文化—研究 IV.① F272-05

中国版本图书馆CIP数据核字（2020）第102102号

你所做即你所是——打造企业文化的策略和技巧

著　者：［美］本·霍洛维茨
译　者：钟莉婷
出版发行：中信出版集团股份有限公司
　　　　　（北京市朝阳区惠新东街甲4号富盛大厦2座　邮编　100029）
承 印 者：三河市中晟雅豪印务有限公司

开　本：787mm×1092mm　1/16　　印　张：17.25　　字　数：220千字
版　次：2020年8月第1版　　　　　印　次：2020年8月第1次印刷
京权图字：01-2020-2736　　　　　　广告经营许可证：京朝工商广字第8087号
书　号：ISBN 978-7-5217-1956-7
定　价：69.00元

谨以此书献给那些曾经因犯错而受罚，

如今已做出积极改变的人。

我看到你们改行为善，

也因此认识了你们。

本书凡属我名下的收益将用于帮助洗心革面的人，

帮他们改变文化，助他们常享自由；

还将用于帮助海地人民，帮他们实现重建社会秩序、

重归旧时代荣光的梦想。

目录

推荐序一　从文化到实战

符绩勋

纪源资本管理合伙人

2020 年春节后，我仍在频繁地飞行。春节前，我回到新加坡看望家人，之后到访欧洲的芬兰、挪威、俄罗斯等国家，又因为公司内部会议飞到美国硅谷，然后飞回新加坡。3 月中旬，我回到上海，开始居家隔离。

这一路短短 20 天的行程，我见到的一切变化，都带给我一定的震撼。病毒肆虐，全球经济近乎停摆。与此同时，这一段特殊的窗口期催生了很多惯性变化，正如 2003 年非典催化了信息化需求，让个人电脑时代更快到来，新冠疫情催生了钉钉、Zoom（一款多人手机云视频会议软件）这些产品的快速迭代，远程办公变成一个常态化的选择。

作为一个投资人，此刻，我和团队最关心的是我们投资的创业公司是否还能如疫情前一样保持活力和创新，是否能在无法面对面沟通的情况下保持原有的工作效率，甚至捕捉新需求，找到新的增长点。

霍洛维茨的这本书在此时显得尤其应景。在这本书中，霍洛维茨用历史人物的成长经历这一独特的视角解读企业文化的重要意义，以史为鉴，并辅以大家耳熟能详的大公司案例，深度阐释了文化对于公司的意义。这对于目前还在远程办公，或者刚刚从疫情中恢复的公司来说，都很有参考价值。

文化对于一家企业有多重要？我曾经与关明生聊过这个话题。2001年之前的阿里巴巴并没有定义自己的文化，当时的阿里巴巴还是一个小团队，企业文化与价值观的作用似乎没有那么明显。直到2001年初，阿里面对团队重整，将当时的356名员工精简到150人，将烧钱率降至每月50万美元，还必须在剩余的900万美元烧光前找到商业模式，并平衡收支。那时的阿里巴巴已经进入生死存亡阶段，它面对的挑战是如何在有限的时间内，利用有限的资源把团队凝聚起来，最大程度提升人效。自那时开始，马云开始与关明生、蔡崇信一起思考，"让天下没有难做的生意"背后的公司文化体制应当是什么，除了商业价值，阿里巴巴这家公司的文化、使命和愿景到底是什么。

如今的阿里巴巴已经是一个员工人数超过10万、市值6 000亿美元的全球企业。然而，阿里高管团队于2001年确立的"独孤九剑"以及其后演变出的"六脉神剑"企业价值观非但没有过时，反而成为这家公司能够保持活力和创新性的最重要的原因之一，甚至离开阿里巴巴创业的员工也会将这种文化基因植入自己的创业项目。企业文化不仅可以反映领导者的思维，更重要的是，它最终会外化为一个团队对待客户、竞争对手、合作伙伴和员工的行为。

霍洛维茨在这本书中提到1997年的苹果公司和海地革命领袖杜桑·卢维都尔一样在面临重大决策时，选择"保留有用的东西"，压缩产品生产线，以确保能集中精力打造完美的用户体验，并最终将苹果打造成全世界零售业界的佼佼者。他还列举了反面例子，优步早期的企业文化并没有"让道德标准清晰起来"，进而导致公司内部因为道德标准模糊出现一系列动荡，这为来福车反超优步创造了机会。

作为一家风险投资机构，纪源资本有幸见证了包括阿里巴巴在内的上百家创业公司在文化建设上砥砺前行的过程，也深知文化的重要性。作为基金管理者，我们合伙人团队也在打造自己的企业文化。正如霍洛维茨在这本书中所说，"无论公司是刚刚起步，还是已走过百年，文化始终是不可或缺的。文化与孕育这种文化的组织一样，要想应对新的挑战，必须苟日新，日日新，又日新"。

作为一个高人效的行业，我们常常思考：我们需要什么样的人才？多少人才能够维护这个团队的能量、积极性与动力？我们理想中的资本机构应当是人才十分专业，也会分级，每个人都是精兵强将，每个人都会因为自己的知识与专业得到应得的酬劳或回报，注重个性化，又兼顾团队协作。

文化也间接影响了我的投资原则。纪源资本理想的愿景是"Fuel The Dream"（让梦想触手可及），我们希望自己支持的创业项目承载的是一个个真正有价值的梦想。对于一些所谓的风口，如果没有真正的社会价值，哪怕是资本追逐的对象，我们也不会投资，更不用说在道德上打擦边球的项目了。

A16Z 是美国的一家很棒的投资机构，霍洛维茨也是令人尊敬的合作伙伴。过去十几年间，我们两家机构共同投资了爱彼迎、Slack、Affirm、Kong 和 Lime 等公司。A16Z 有两位合伙人，马克·安德森负责前台，霍洛维茨则着力搭建基金的中台与后台。他们成功将风险投资、投后管理打造成标准产品，上百人的中后台团队也体现了这家基金公司从文化到实战，一贯对创业者的尊重。正如霍洛维茨在这本书中所言，"我们尊重对方在创业过程中付出的卓绝努力，我们清楚没有创业者，我们就没饭吃"。

如果你刚好和我一样也在思考企业管理和文化的重要性，那么这本书一定可以启发你。

推荐序二　远见卓识

小亨利·路易斯·盖茨
哈佛大学哈金斯非洲和非裔美国人研究中心主任

在引发哈莱姆文艺复兴运动、堪称俗世圣经的《新黑人运动》一书中，顽强不屈的黑人作家阿图罗·舒姆博格在《重提黑人往事》一文中指出："长久以来，黑人始终是一个没有历史的群体，因为他们的文化在外界眼中不值一提"。舒姆博格出生于波多黎各，为了让被遮蔽的黑人文化在美国白人主流社会中重见天日，他不仅以笔为矛，而且收集了大量手稿、艺术作品、珍藏版手工艺品，这些东西最终都成了纽约公共图书馆内哈莱姆舒姆博格黑人文化研究中心的重要典藏。该中心位于久负盛名的哈莱姆区腹地马尔科姆大道 515 号，是一个能让外界了解与感受黑人文化的重要所在。

近一个世纪之后，我们身边也出现了这样一位远见卓识的人物，他就是硅谷技术领域企业家本·霍洛维茨。他与杰出的舒姆博格一样，基于一套强大的知识体系，对商业、领导力以及文化等领域进行跨界研究，并出版了一部优秀作品——《创业维艰》。那本书字字珠玑，每一条经验都蕴含着丰富的内容。在这本新作中，他没有老调重弹，把欣欣向荣、和谐互依的职场文化的成功案例作为素材再续辉煌。相反，为找寻自己对于创新的定义，他将目光投向历史上以及现实中一些与领导力有关的故事，投向一些时隔久远的有色人种、一些与当下的企业高管或技术权威截然不同的人。其中有杜桑·卢维都尔，因 18 世纪末、19 世纪初爆发于海地的革命，他成了西半球有史以来唯一摘取奴隶起义胜利果实的天才；有日本武士，他们的武士道精神使其将德行奉为珍宝；有成吉思汗，生活在大漠边塞的他领导一支战斗力堪称世界之最的队伍，将所攻占地区的优秀文化悉数纳入囊中；还有詹姆斯·怀特，又名沙卡·森格尔，他的经历也许最触动人心，因谋杀罪被送进密歇根监狱服刑后，他成了狱中一个暴力团伙的头目，出狱后，他又带领人们发起了一场旨在推进社区文化建设的革命。

霍洛维茨将这些鲜活有力的人物作为自己的写作重心，彰显了他作为技术领域最具哲学思考力之人的独到之处。他并不认为创造就是将行之有效的观点拿去验证一遍，相反，他看重那些前所未有的东西，那些创新程度要求人逆向思考的东西。在这本书中，霍洛维茨着意说服读者用他的经验主义视角看问题：最坚韧也最为持久的文化一定源于行动，而非言语；源于人格与策略的协同一致；源于新员工——而非资深骨干——在入职第一天对职场成功标准的正确认识和客观评价；源于对外来人才与不同观点的开放和包容心态；源于对明确界定的伦理与德行的认同投入；还源于敢为天下先的探索精神，敢于在组织内提出一些迫使别人问一声"为什么"的大胆想法。

为了证明自己正是这样一个敢为天下先的人，霍洛维茨没有聚焦《财富》世界 500 强公司，而是将视角伸向了历史深处。他们的故事蕴含着经验和洞见，是打造文化所需的核心。

究其根本，这本书的内容和结构，包括选自嘻哈经典的题记，完美地诠释了上述主题。同时，阅读的过程也不失趣味，因为在将卢维都尔、森格尔等人的经验置于霍洛维茨这位独具一格的天才领导者（LoudCloud 公司前首席执行官、安德森·霍洛维茨公司联合创始人）如今所处的商业及政治背景之下时，读者会体验很多出乎意料又豁然开朗的瞬间。霍洛维茨借此呼吁我们关注非裔美国人"喻指"（signifying）这一音乐传统的重要一面，即以重复演奏来表示敬意、顺从和钦佩。凭借深刻的洞察力，他成功地做到了。此外，这本书还以鼓舞人心的方式对历史传统表达了肯定。以阿图罗·舒姆博格——深陷美国社会种族歧视的深渊——为代表的知识界先驱本着为后代造福的初衷，就像杜波依斯所言的"揭去面纱"，不惜代价重建经典，为打造一个全新的、真正的且只能在他们自己梦中实现的世界性文化而积聚经验。霍洛维茨的这部转型之作聚焦于充满智慧的文化缔造者们，为读者提供了一个现成的经典。这部经典有可能让你重新定义"行动"，继而重新定义"你是谁"。

序　言　以身作则

沦陷于被抛弃的境地，徒劳消耗所有能量；

只有经历过艰难的人，才堪当大任。

从未犯过错的武士永远不会知道犯错的代价。

——《叶隐》

LoudCloud 是我创立的第一家公司，当时，我曾向一些公司的 CEO（首席执行官）和行业领导者取经，他们无一例外地告诫我，"多在企业文化上花点心思，文化是重头戏"。

可当我追问这些领导者，究竟何为文化，如何才能打造属于我的企业文化时，他们却开始含糊其词。在其后的 18 年里，我一直在尝试找出答案。文化是不是意味着在工作间隙招猫逗狗，在休息室里练习瑜伽？肯定不是。这些只是工作之余的调剂。文化是不是等同于企业价值观？也不是，价值观反映的是你的雄心壮志。文化是不是公司老板人格特质和个人喜好的体现？同样不是。它有助于塑造文化，但绝非文化本身。

在 LoudCloud 担任 CEO 期间，我意识到，公司文化就像一面镜子，能够映射出我的价值观、我的一言一行，以及我的人格特质。正因为如此，我全力以赴地朝着"以身作则"的目标奋进。令我困惑且担忧的是，随着公司的发展壮大，我深感力不从心。公司文化演变成一个大杂烩，在不同经理人的带领下，五花八门的文化应运而生，其中相当一部分都是随心所欲之举。有些经理善用咆哮威慑员工，有些从不给出反馈意见，还有些甚至懒得回复邮件。总而言之，一团乱麻。

公司有一个中层管理人员，我叫他索森，表现尚佳。他就职于营销部，能言善道（营销人员的核心技能），可无意中听来的消息却让我大跌眼镜，原来他把能言善道还用在了满嘴跑火车上，口中没一句实话。没过多久，我就请他另谋高就了，但我清楚还有一个更棘手的问题等着我处理，那就是，我用了几年的时间才发现他是一个撒谎成性的人，并且在这几年间还提拔了他，这说明 LoudCloud 的企业文化是谎言的温床。活生生的教训就摆在眼前。关键不在于这个撒谎精是不是卷铺盖滚蛋了，关键在于我该如何消解此类不良影响，重建我的企业文化。我毫无头绪。

为了洞悉企业文化的内核，我思量再三。我问自己，以下哪些问题可以通过诉诸企业目标或使命宣言来解决。

1. 那个电话是不是很重要，非得今天回复，还是说可以推到明天？

2. 年终考核前我可不可以提出加薪请求？

3. 这份文稿是否已足够完善，还是说该继续对它精雕细琢？

4. 是否非得准时参加那个会议？

5. 外出公干时该住在哪儿？四季酒店还是红顶屋小舍？

6. 谈判时该把什么放在第一位，价格还是交情？

7. 是否该指出同伴们做错或做对的地方？

8. 我该几点回家，17 点还是 20 点？

9. 在应对本轮竞争时，我该付出多大努力？

10. 对于新产品的颜色问题，我们该讨论多久，5 分钟还是 30 个小时？

11. 假如意识到公司出现了严重的问题，我是否该说点什么，该对谁说？

12. 输赢是否比道德伦理更重要？

没有答案。

这些问题得不到任何所谓的"正确答案"。对于你的公司而言，所有答案都取决于公司本身，公司的性质、主营业务，以及发展目标。实际上，你的员工对上述问题的答案恰恰就是企业文化的体现。因为，企业文化会使你的公司在你缺席的情况下做出决断。你的员工会凭借此番文化应对日常工作中的一切问题。文化会使你的员工自觉自愿、无须监督地去做事。假如你不将企业文化体系化，那它们当中的 2/3 将会成为流星一闪而过，而另外的 1/3 则会成为错误，贻害经年。

该如何设计并塑造文化，才能让它潜移默化地影响人们的行为？我曾问过沙卡·森格尔这个问题。在 20 世纪 90 年代至 21 世纪初的近 20 年间，他一直在密歇根监狱服刑，是狱中一个团伙的头目，手腕老辣。沙卡认为，团体内部的文化决定着团队成员的性命安危。他告诉我："这是个复杂的问题。举例来说，假如有人偷了你手下的牙刷，你会怎么办？"

我说："好像没什么大不了的，也许小偷就是想找个东西来刷牙。"

他纠正了我的看法。"没人会为了刷牙冒这个险。这是个信号。假如你不做回应，那对方会认为他能从你的手下那里拿走更多的东西，能强暴你的手下或干掉你的手下，然后夺走他的一切。所以，如果我不回应，那就等于置手下人于险境。你可以通过干掉对方来树立威信，但这又会让团队文化显得过于暴力。"他摊开双手无奈地说，"所以我说，这是个复杂的问题。"

打造你心仪的文化并不容易：你不仅得清楚公司将要向何处去，而且得知道哪条路能带公司通向那个目的地。对很多新创建的公司而言，勤俭持家是企业文化的根本，因此，有必要要求员工在外出公干时选择红顶屋小舍过夜。但是，假如谷歌公司用 50 万美元年薪聘请了某位销售才俊，并且希望对方能长期效力，那也许会愿意让他在参加宝洁公司的重大会议前住进四季酒店，因为这能让他睡个好觉。

同样，在新创建的公司里，加班加点也是常态，因为你在和时间赛跑。但是 Slack 公司的 CEO 斯图尔特·巴特菲尔德的信条却是，假如你在工作时真的全力以赴，那效率定会成倍增长。他总是到点就下班，而且还倡导自己的员工也这样做。

文化因公司而异。适合苹果公司的文化绝对不适用于亚马逊公司。苹果公司以设计全世界顶尖产品为至高使命。为凸显这一理念，公司斥 50 亿美元巨资建造了其时尚华丽的新总部。而在亚马逊，杰夫·贝索斯的名言是，"你们丰厚的利润就是我的机会"。他在公司各项开支上厉行节约，包括员工专用的 10 美元的办公桌。以上两种文化都能各得其所，苹果公司的产品在精美程度上远超亚马逊公司，但亚马逊公司在产品售价上要大大低于苹果公司。

文化并不是某种使命宣言，不可能一经确立就永不改变。军队中流传着这样一句话：假如你看到了不达标的东西但却不予回应，那就等于在重新确立标准。这句话同样适用于文化。假如你看到了与文化相悖的东西但却未置可否，那就等于在创立一套新的文化。此外，当公司状况发生变化，你的经营策略因之发生调整时，文化也得随之改变，因为你的目标始终在变。

文化是最强大的生产力

在商界，假如你的公司文化很强势，而产品很弱势，那没人愿意为之买单，再强有力的文化也毫无意义。因此，文化可能看上去更像是产品的陪衬。但假如你深入思考，会发现时间一旦拉长，文化会战胜某个时期那些看似不可战胜的结构性桎梏，并最终转变整个行业乃至整个社会的行为模式。从这个广义的视角来看，文化是全宇宙最强大的生产力。

20 世纪 70 年代，一群生活在布朗克斯的穷小子创立了一个全新的艺术门派——嘻哈音乐。短短二三十年的光景里，他们顶住了贫困、种族歧视，以及来自音乐界强烈的反对声，开创了全世界最受欢迎的音乐类别。他们发明了一种以率直和无所谓心态为前提的文化，由此改变了全球文化。

我们可以从嘻哈音乐 DJ（音乐骑师）们如何对待碎拍——嘻哈最基本的形式——中感受到无所谓的心态。碎拍是一首歌中点燃所有人激情的部分，通常以鼓、贝斯，或者仅以鼓为载体。最原始的碎拍，那些人们从未听过的碎拍，往往被收录于一些不知名的唱片。这些唱片并不知名，一旦售罄，唱片公司也不会补货，这就导致供应链出了问题。嘻哈音乐型企业文化在这一过程中起到了很好的作用。拉尔夫·麦克·丹尼尔是让嘻哈音乐登上电视屏幕的第一人，提出了"致敬"这一嘻哈用语。他对我说：

> 提供唱片货源给商店的是一个叫兰尼·罗伯特的小子，他很清楚哪些唱片会火，因为他就来自嘻哈音乐的发源地布朗克斯。他将这些碎拍音乐推销给非洲班巴拉和闪耀大师（著名DJ）。当闪耀大师打出这段曲调时，其他DJ就会跟风，"我要得到那张唱片"，于是这些唱片一售而空。因此，兰尼的唱片收录的全是碎拍：碎拍第一辑，碎拍第二辑，等等。当然他无权这么干，只是当时没人关注这一点。

人们常问我为什么在写作时总爱引用嘻哈音乐中的歌词作为题记。在某种程度上，这是我那以失败告终的说唱生涯的后遗症。这是真事儿。但主要原因是，我对于创业以及公司文化的大多数灵感都是在嘻哈音乐的陪伴下迸发的，因此也算是我为它的功劳所做的一番回报。我常常觉得，早期的嘻哈音乐，比如 Eric·B 和 Rakim 的那首《跟着领头羊》以及 Run-DMC 的《摇滚之王》，唱的就好像是我的创业故事。我正是在这样一种文化的影响下打点着自己的事业。

尽管无所谓心态是嘻哈文化的标志性特征，但真正吸引粉丝的却是它所体现的诚实态度。杰出的说唱艺人纳斯曾对我讲起他儿时的感受：

让我心驰神往的恰恰是它的那种不加修饰。人们常常以为世界就该是个完美仙境，就像《脱线家族》里描写的那样。人人都想做好人布雷迪，但内心深处其实是流氓拉卡尔。说唱音乐反映了生活中真实的一面——罪行、贫困、贪污腐败的警察。它摒弃了低俗音乐、福音音乐、Funk 重金属音乐以及嬉皮士音乐等元素，由内而外地焕发出一种原汁原味的东西，一种真诚的东西。

在与布朗克斯相隔千里的加利福尼亚，一群工程技术人员在企业文化领域的创新也几乎改变了整个商业的运营方式。20 世纪 50 年代，集成电路微芯片的发明者之一罗伯特·诺伊斯与人创立了飞兆（又译仙童）半导体公司，那是飞兆摄影器材及仪器公司的一家子公司。

飞兆总公司设在纽约，一直以来，公司都在以东海岸特有的方式开展工作，而这种方式也已成为全美各大公司奉行不悖的标准。公司老板叫谢尔曼·费尔柴尔德，住在曼哈顿一座有着玻璃屋顶和大理石地板的房子里。他的高管们配有专车和司机，并都享有专属车位。正如汤姆·沃尔夫在 1983 年刊登于《时尚先生》杂志的文章"罗伯特·诺伊斯的变革"中所言，"东海岸的公司采取的是封建社会的管理模式，尽管它们毫不自知。公司内部有些人是国王，是地主，是诸侯，也有些人是士兵，是耕农，是奴隶"。

诺伊斯不吃这一套。他手下的工程师——耕农们，可以在研发产品的同时兼做公司的主人。因此，飞兆半导体公司可谓独树一帜。上班时间定在早晨 8 点，谁先到谁就能优先选择最佳车位。公司设在圣何塞，办公楼就是一个大仓库，里面是格子间，员工着装随意，西装不是必备之物。

诺伊斯也没有聘请职业经理。他说，"在当下，领导素养中最核心的一点是协助，而非领导。扫清一切障碍，让员工各展其才"。一种全新的、赋权的文化应运而生：每个人都责无旁贷，而诺伊斯仅仅是从旁协助的人。假如研究人员有了新想法，那他完全可以花上一整年的时间完善这个想法，无须担心别人追问结果。

一些员工在感受了诺伊斯那种强调独立精神的企业文化之后，选择自立门户开办公司，其中诞生了雷声半导体公司、西格尼蒂克半导体公司、通用微电子公司、英特希尔半导体公司、超微设备公司（AMD）以及 Qualidyne 公司。可以说，诺伊斯无意之间为整个硅谷奠定了文化基础。

1968 年，诺伊斯在飞兆总公司升迁总裁无望之后，又创立了一家公司。他和同事戈登·摩尔（摩尔定律的鼻祖，据此定律，集成电路上可容纳的晶体管数目约每两年会翻一番），以及年轻的物理学家安迪·格鲁夫共同创办了英特尔公司，以迎接数据存储新时代的到来。

在英特尔，诺伊斯进一步推行平等至上理念。所有人都在同一间大屋子里工作，彼此以薄板相隔。诺伊斯本人使用的还是一张二手办公桌。午餐全部是三明治和汽水。公司不设副总裁，由诺伊斯和摩尔对运营情况进行全面督导，具体执行人员是中层经理，他们拥有相当大的决策权。公司总裁在开会时会布置任务，安排进度，但所有人都是平等的。

更关键的是，诺伊斯给工程技术人员和大多数行政人员提供高额的优先认股权。他坚信，在一个以研发和产品为驱动的企业里，当工程技术人员真正享受主宰权时，更有可能把公司当成家。

沃尔夫在文中指出,"在英特尔,所有人,包括诺伊斯在内,都被诚邀参与'英特尔'文化研讨会"。安迪·格鲁夫(日后担任公司总裁,并且成了知名的文化革新家)负责对新员工进行企业文化培训。他会问大家:"如何用一句话总结英特尔的运营理念?"有人可能会说,"在英特尔,你不必等别人来发球,球就在你自己手中,你有发球权"。格鲁夫会纠正他:"错。在英特尔,你可以放掉手中的球内部的空气,先把它折起来放进口袋里,然后用另一个球进攻,当你越过球门线时,再把口袋里的那个球拿出来并充上气。这样一来,你原本只得 6 分,现在能得 12 分。"

在这种氛围里,员工们创意频出。如果说硅谷文化无所不包,那么英特尔的文化就是将创意摆在首位。推陈出新历来过程坎坷,原因有二:其一,成功的少,失败的多;其二,即便成功,在成功之前也常沦为争议的焦点。假如某个创意能够被别人迅速领会,那它就算不上推陈出新。

试想一下,假如公司推行严格的问责制,对失败者施以重罚,那结果会如何?在东海岸,这是常见现象,管理人员的心思都放在保住现有职位上,为了避免失败,他们不计代价。一个创意摆在面前,假设 90% 的可能性是它行不通,可一旦成功,它会带来千倍的回报,就算这是个值得一搏的买卖,以避免失败为己任的公司也是绝不会为之投资的。

公司中管理人员的层级架构有助于剔除那些明显不靠谱的点子。当某个创意冲过层层关卡最终呈现在决策者面前时,它应该已经和其他有着相同经历的创意一同接受了评判,其中最优者自然排名靠前。这个道理似乎人人都清楚。可问题在于,那些一眼看上去就很出色的点子往往算不上真正的创新,而真正称得上创新的点子往往在一开始显得很不靠谱。众所周知，西联汇款公司曾经错失良机，未从亚历山大·格雷厄姆·贝尔手中买下电话技术的专利权，因为在当时，电话噪声大，容易串线，而且实现不了长距离通信。西联根据以往从事电报业务的经验，认为通信必须做到信号准确、覆盖面广。当维基百科问世时，外界都等着看它的笑话。一群普通人书写的东西怎么可能取代顶尖学者们的论著？而时至今日，维基百科涉猎的内容在全面性上已经超出了此前所有同类平台，成了百科全书界独领风骚的一支力量。

英特尔的企业文化为员工提供了上升空间，为创意提供了存活的土壤，从而开创了一种更富成效的经营方式。我的商业合作伙伴马克·安德森曾在几年前写过一篇文章，题为"软件正在吞噬全世界"。在文中，他描述了技术的触角是如何从技术领域伸向其他传统行业的，比如图书业、出租车业以及酒店业。那些行业的公司不得不借鉴诺伊斯的某些做法，否则就极有可能将自己置于风雨飘摇的危险境地。众所周知，通用汽车在收购自动驾驶初创公司 Cruise Automation 时，曾以优先认股权为筹码。沃尔玛在并购 Jet.com 时，也采用了相同的策略。

自从技术开始主宰消费者市场，数以千计的技术门外汉已在技术的辅助下提出了无数个伟大的创意。但是，他们的新公司外包给他人的项目，无一例外会被搞砸。为什么？事实证明，开发一个能够体现你创意的 App（应用程序）或网站并不难，难的是如何让创意不断深化、完善，并能让它在一些极端案例中依然游刃有余。只有当这些出色的工程技术人员享有对公司的所有权，或者说对公司心怀主人翁精神时，他们才会竭尽时间和精力推动项目发展。诺伊斯深知这一点，因此，他打造了与之匹配的企业文化，并由此改变了世界。

如何让文化发挥作用

文化的强大效用显而易见。究竟该如何塑造文化？如何将其深植于人们心中？如何在其出现偏差时力挽狂澜？

这些问题让我开始思考一些更宏大的问题，开始向一些更广阔的领域探求答案。文化在不同环境下是如何发挥效用的？哪些因素能够让文化经受住长达数年的时间考验？

我对历史的兴趣由来已久，对于不同时代、不同环境下的人会以何种意想不到的方式应对问题，我尤为好奇。比如，我绝对想象不出，一个生而为奴的人，成年后揭竿起义解放了海地境内的所有奴隶，在此过程中自己也当了一回奴隶主，可真相就是如此。明白了历史上文化如何影响人们的观念，我开始思考人们该做些什么来改变自己，改变自己的文化。这一点对于创建我自己理想的文化似乎极其重要。

在此，我要将重心特别放在4个样本身上，其中一人还健在。我的目标并非寻找完美的文化标准——其中有几个推行的是相当暴力或者弊端颇多的文化。我的目标是寻找这样一些人，他们能精准操控，成功地打造自己想要的文化。这些人的故事促使我开始关注下列几个宏大的问题。

1. 西方历史上的奴隶起义为何只有一个成功案例？海地的杜桑·卢维都尔是如何让奴隶制文化改头换面并为己所用的？

2. 武士一族的武士道精神是如何使武士阶层统治日本近700年之久，并且对现代日本文化产生深刻影响的？它包含怎样的文化德行？日本武士视其行为准则为"德行",而非"道德"。"德行"关乎你的一言一行,而"道德"仅能说明你信奉什么。正如我们即将谈到的,一言一行最重要(在下文中,我将以"德行"一词指代完美范例,用"道德"一词指代大多数公司奉行的东西)。武士究竟是如何通过行动彰显文化的?

3. 成吉思汗是如何创立世界上最大的帝国的?他来自大漠边塞,年轻时曾被自己所在的游牧部落俘获并入狱。他想要打破身边的层层压制,这不难理解。但他究竟是如何积聚力量,创建了一套革故鼎新、兼容并蓄的精英管理体制,使得他在敌人止步不前时还能持续扩张?

4. 沙卡·森格尔因谋杀罪被判在密歇根监狱服刑 19 年,他是如何让狱中的同伙成为那里面最厉害、最狠辣的角色的?他是因何种文化变成一个杀人犯,又是如何挺身而出成为文化的主宰者的?他是如何将一群社会的弃儿凝聚成一个团体的?还有,在意识到体制中令他厌恶的那些成分之后,他是如何通过改变自己,最终改变了整个监狱的文化的?

企业就像一个团体、一支队伍、一个国家,它的兴衰荣辱与内部每个人的一言一行都脱不了关系。公司的成败是源于文化,还是源于其他因素?很难说得清。大多数商业图书没有本着一种宽广的、社会学的视角去分析问题。而且,很多书都是从已经取得成功的公司身上提炼成功的企业文化。这种做法混淆了因果关系。事实上,相当多的公司虽然业绩非凡,但企业文化却根基薄弱,缺乏一致性,甚至对企业产生了负面影响。优秀的产品会让人们至少在短期内忽略企业文化的缺陷。如若不信,你可以了解一下安然公司的故事。

为了避免幸存者偏差这种逻辑错误(指将注意力放在公司已经取得

的成就上，进而武断地认定公司的成功源自其企业文化），我力求不犯主次失当的错误，而是将重心聚焦于领导者在塑造并巩固文化的过程中采用的那些技巧，以及那些技巧如何发挥出各自的威力。所以，本书不会对"最佳企业文化"给出任何绝对标准，读者能从中收获的，仅是一些有助于你们打造企业文化的策略和技巧。

阅读建议

本书将以人物故事打头，然后对现代社会中类似的文化技巧进行介绍。以上内容共占 7 章篇幅。在阅读过程中，请思考一个问题：像杜桑·卢维都尔和成吉思汗这样的领导者是如何看待文化的，是如何看待他们使用的那些用以改变文化的工具的？尤其是当四下暗流涌动，他们身处险境时。在读到一些有可能被你采纳的技巧，或者一些意料之外却极其重要的观点时，不妨拿笔记下来。在武士一族塑造的文化中，所有元素都能和谐共生，他们是如何做到的？沙卡·森格尔年纪轻轻进了监狱，为了生存不惜代价，他的经历与你的公司中的新员工又有何种关联？

塑造文化绝不单纯地等同于让你的手下在无人监管时按照你的方式做事。要记住，员工是形形色色的。他们来自不同国家，肤色不同，性别不同，背景各异，甚至出生年代也不一样。每个人在加入你的公司时，都带来了一种不一样的、原生的文化特质。要让所有人遵从同一套标准，并且还能心甘情愿地遵从，这无疑是个大难题。

为了让他们成为你心仪的员工，你首先得看清楚他们的本质。我也想为你提供一套简单易行的操作流程，但显然不可能。所以，我将带领大家从多个视角入手，对上述问题进行深入思考。为达成这一目标，本书前 7 章中还将介绍现代社会中的典型案例，主要呈现我和企业领导者的对话。这些领导者都曾尝试在公司内部推动变革。比如，我会逐一解读杜桑·卢维都尔的文化策略是如何（或者应该以何种方式）被网飞的里德·哈斯廷斯、优步的特拉维斯·卡兰尼克，还有希拉里·克林顿利用的；成吉思汗在文化上的兼容并包视野是如何得以在麦当劳公司首位非裔 CEO 唐·汤普森、前沿通信（Frontier）公司 CEO 玛吉·威尔德罗特身上体现的。

本书第二部分将带你了解以下内容：如何认识自己，如何洞悉你的公司的经营策略，如何利用上述认知塑造引领你走向成功的企业文化。只有当领导者真实地参与其中并为之发声时，企业文化才能发挥作用。大多数人并不十分清楚自己的文化价值观，所以，你应该弄明白自己是谁，哪些部分属于这个机构，哪些不属于，如何成为自己渴望成为的那种领导者。

之后，我将分析一些极端案例，有些体现了文化内部的自相矛盾，有些反映了文化与企业发展重心的背道而驰。最后，我将总结所有文化的共通之处，为你列出一个权可作为重要原则加以考虑的清单。

文化不具备魔力，不是一套能让所有人都称心如意的制度规范，而是一套你希望大部分人在大部分时间都能遵守的行为准则。外界总爱批评有些公司"文化缺失"或"道德沦丧"，但实际情况是，只要文化的功能没有完全丧失，它就真的具备一点小小的魔力。没有哪家大公司在所有标准上都能百分之百达标，但是有些公司的确做得更好。我们的目标也是如此，不求最好，只求更好。

最后送上一句逆耳忠言——出色的文化未必能造就出色的企业。假如你的产品不够优秀，或者不具备市场吸引力，那么再优秀的文化也无法阻止公司走下坡路。文化对于公司的意义，就好像营养品与高强度训练对于职业运动员的意义。假如运动员天赋极高，那即便营养不良，训练强度不够，他也有望成功。可假如他天赋欠佳，那么无论营养多全面，训练多严苛，你都无法送他参加奥运会。可话说回来，良好的营养和密集的训练肯定能让任何一个运动员的表现都更上一层楼。

如果说优秀的企业文化并不能保证企业成功，那何苦还要费力打造它？时过境迁，你的员工会忘记曾经的得意风光或物质奖励，会忘记每一季度的荣辱成败，甚至不记得经手过哪些产品，但是他们绝不会忘记在这个企业工作时的那份感受，不会忘记自己因为在此处工作而变成了一个什么样的人。公司的特色与气质将伴随他们一生。这些东西会在他们陷入困境时给予他们力量，会引领他们去应对日常生活中的细枝末节，最终聚沙成塔，构建起他们生命的终极意义。

本书无意为打造完美文化提供全套技巧。完美文化压根儿不存在。某种文化的优势同样也可能是它的劣势。为了生存，你有时不得不违背自己的核心文化信条。文化的重要性毋庸置疑，但若是因为你坚持文化的一尘不染而导致公司落败，那么错一定在你。

本书要做的，是带领读者踏上一条横贯古今的文化之旅。你将在沿途获知"我是谁"这个重大问题的答案。其实，这是一个看似简单实则不然的问题。你是谁，这意味着旁人在背后会如何议论你，意味着你会以何种方式对待自己的客户，意味着你是不是力挽狂澜的重要一员，意味着你是否被他人信赖。

你是谁，这与你挂在墙上的道德标准无关，与你在全体员工大会上的发言无关，与你的营销大战无关，甚至与你信奉的一切无关。

你是谁，源于你做了什么。你的一言一行决定了你是谁。本书的目的，就是帮助、引导你做那些你需要做的事，以此让你成为你想要成为的那种人。

01

文化与革命：
杜桑·卢维都尔的传奇

奴隶的血脉，帝王的雄心。

——纳斯

2007 年，在将 Opsware 转让给惠普公司并办完交接手续之后，我过上了无事一身轻的日子。作为一个创业者，我已经练就一套逆向思考的本领。正如彼得·蒂尔所言，寻得突破性想法的关键在于，你得和其他人的想法反着来。于是，我开始思考哪些是其他人普遍信奉的东西。第一个闯入我脑海的是，"奴隶制残暴至极，难以想象它竟以如此大的规模存在过"。假如对此观点逆向思考，结果会怎样？

"更令人难以想象的是，奴隶制竟然会被终结"——此番逆向思考怎么样？听上去确实很荒诞，可一经深究，我却发现这里面大有文章。奴隶制自人类历史有记载以来就已存在，所有主流宗教的背后都有它的影子。《圣经》和《古兰经》中对它有长篇累牍的描述。17 世纪时，全世界一半以上的人口都是奴隶。这样一种制度怎么会终结？事实上，奴隶制的消亡堪称人类历史上最精彩的故事之一，而海地革命堪称精彩中的经典。

在漫漫历史长河中，仅有一次以成功建立独立王国而告终的奴隶起义。中国汉朝发生过奴隶起义，奥斯曼帝国信奉基督教的奴隶军团也发起过革命，15 世纪至 19 世纪蓬勃开展的奴隶贸易曾殃及上千万非洲人，有关他们当中一些人奋起反抗的故事更是不胜枚举。奴隶的每一次反抗必然受到强大动机的驱使，最强大的动机莫过于对自由的向往。既然如此，为何成功的案例仅有一个？

奴隶制泯灭人性，不把奴隶当人看，由此阻碍了文明进程，而停滞不前的文明不可能赢得战争。对奴隶而言，他们所做的一切都不属于自己。他们无须深思熟虑、细心周到地去做事，因为他们和他们的家人随时都有可能被当作货物出售或者被处死。为了不让他们了解这个世界，不让他们与其他奴隶交流，不让他们知道主人们的所作所为，奴隶主禁止他们读书识字，禁止他们以任何方式获得知识。只要主人乐意，他们随时可能被强奸、被鞭打，或者被砍去手足。种种暴行导致奴隶阶层的文化呈现教育水平低下、人际信任缺失、生存成为主要目标等特点，任何一条都无助于打造一支凝聚力强的作战部队。

那么，杜桑·卢维都尔这个生而为奴的男子，是如何重塑奴隶文化的？是如何在圣多明戈（革命胜利后更名为海地）组建起一支所向披靡的奴隶军团，并逐一击溃西班牙、英国、法国等欧洲最强大的军事力量的？这支奴隶军团又是如何让拿破仑遭受比滑铁卢之役更惨重的伤亡的？

也许你会说，这是因为圣多明戈的奴隶主统治不像其他地方那么残暴。卢维都尔真是因此才占据上风取得成功的吗？

绝不是。在奴隶贸易刚开始风行的年代，被输送到美国的奴隶总数不足 50 万，而被卖往圣多明戈的奴隶却多达 90 万。可截至 1789 年，美国的奴隶总数超过了圣多明戈，前者拥有近 70 万奴隶，后者仅有 46.5 万。也就是说，圣多明戈的奴隶死亡率超过了奴隶出生率。这座小岛已然成了一个屠宰场。

圣多明戈的奴隶遭受的非人待遇超乎想象。C.L.R. 詹姆斯在他的巨著《黑色雅各宾》中有这样的描写：

> 在施鞭刑的间歇，他们会把滚烫的木块烙在受罚者的屁股上，会把盐、胡椒、佛手柑、煤渣、热炉灰等物撒在对方的伤口上。砍手、剁脚、割耳朵是常事，有时还会割去奴隶的

性器官，其目的就是剥夺对方沉溺享乐的一切权利。奴隶主们会将炙热的蜡油倾洒在受罚者的手上、臂上、肩膀上，会将烧熟的蔗糖倒在他们的头上，会将他们活活烧死，会将他们放在慢火上炙烤，会在他们嘴里塞满火药然后点燃引信，会把他们的颈部以下统统埋进土里，再在其头部涂满糖汁，任蚊蝇叮咬。

不难想象，这样的残暴环境会孕育出什么样的文化——噤若寒蝉、疑心迭起。黑奴和黑白混血儿势不两立。拥有 90% 白人血统的人瞧不起拥有 50% 白人血统的人，后者又瞧不起拥有 25% 白人血统的人，以此类推。

此外，圣多明戈军事力量强大，足以镇压任何一次叛乱。这里产出的蔗糖和咖啡豆分别占全球总产量的 1/3 和 1/2，是最有利可图的一处殖民地，因而也是各大帝国的必争之地。

所以，这里绝不是发起叛乱的最佳地点。

卢维都尔领导的不是一次单纯的奴隶起义，而是一场悉心谋划、为实现彻底变革而开展的意义深刻的革命。卢维都尔天资过人，即便他的对手也无法否认这一点。他善于将奴隶文化和奴役他的欧洲殖民文化中最好的、最有用的那些元素融合起来，并且使之成为他自己那非凡的文化洞见的一部分。由此形成的杂糅文化催生了一支勇猛善战的军队、一套诡谲机巧的外交手段，以及一种着眼长远的经济视野和管理方式。

杜桑·卢维都尔何许人也

卢维都尔于 1743 年出生于圣多明戈的布雷达甘蔗种植园，生而为奴。他的大部分生平都无据可考。谁会费心为一个奴隶记录生平？至于这场革命中的诸多转折点，历史学家们也莫衷一是，唯一确定的是，卢维都尔是个非同一般的人物。

儿时的卢维都尔体弱多病，他的双亲叫他"病秧子"，本没指望他能活命。可长到 12 岁时，他的运动技能已经超过所有同龄人。时隔不久，他成了这块土地上最出色的骑手。即便是日后到了 60 岁的年纪，他也能骑着马日行百余里。

卢维都尔身高仅 5.2 英尺[①]，相貌远称不上英俊。他言辞简练，目光犀利，精力充沛且高度专注。他每晚只睡两个钟头，可以仅靠几根香蕉和一杯水维持数天体力。在革命爆发之前，他的文化程度、他的地位以及他独特的个性已经使他在奴隶中出类拔萃。他注定就是这个群体的领头人，对此他从未怀疑过。

十几岁时，卢维都尔被分派去照看骡马和牛群，这通常是专属于白人的差事。他抓住了这个难得一遇的机会，利用空余时间认字读书，主人的藏书被他看了个遍，其中包括恺撒大帝的《战纪》和阿贝·雷纳尔的《两个印度的历史》。《两个印度的历史》是一部百科全书式的著作，

---

① 1 英尺 ≈ 0.3 米。

记载了欧洲各国与远东地区的贸易往来。恺撒大帝的书让他了解了政治，领略了战争的艺术，雷内尔的书则为他洞察地方经济与欧洲经济奠定了全面基础。

但是，他接受的教育和拥有的地位并不能使其摆脱作为一个黑人的卑贱命运。有一次，他做完弥撒拿着祈祷书往回走，途中被一个白人盯上了。据他回忆，那个人"用木棍打破我的头，嘴里说着'难道你不知道黑奴不配看书吗?'"。卢维都尔道过歉，跌跌撞撞地回了家。他一直保留着自己那件被血浸透的内衣，就是提醒自己不要忘记这件事。几年后，奴隶起义爆发，当他再一次遇到当年那个施暴者时，借用他的传记作家菲利普·杰拉尔德那不无满足的口吻，"当场宰了他"。

种植园里有个律师，名叫弗朗西斯·拜杨·德·利波塔特。他发现了卢维都尔的过人之处，安排他当了马车夫。1776年左右，他给了卢维都尔自由身。此后，卢维都尔开始靠御马驾车挣薪水。在当时，能获自由身的黑奴不足1‰。而这位海地革命的领导者之所以能获得自由，全凭他与一个白人男子建立的特殊关系。

为利波塔特驾车外出的途中，卢维都尔利用一切机会拓展自己的社交网络，几乎所有他结识的人都在日后成了他的盟友。此外，他还在此过程中逐步了解并掌握了法国殖民统治的方方面面。渐渐地，他意识到了殖民时期的圣多明戈尚无人意识到的一个问题：对人们的行为起决定性作用的，不是肤色，而是文化。

获得自由后，卢维都尔开始买奴隶，目的是逐个还他们自由。同时，他也在竭力推行一些前所未有的殖民手段，在当时，他唯一能做到的，就是不让奴隶们劳作。1779年，为了赢利，他将一个咖啡豆种植园转租给了别人，但好景不长。种植园里有 13 个奴隶，其中一个名叫让-雅克·德萨林，数年后成了卢维都尔军中的副指挥官，后来又背叛了他。

如果说有什么诱因促使卢维都尔将注意力从商业转向政治，那么这个诱因可能出现在 1784 年。彼时，他读到了阿贝·雷纳尔的一篇名作。雷纳尔是自由的捍卫者，希望黑奴通过反抗争取权利。他在文中这样写道："我们只需要一个勇气可嘉的领头人，一个能够拯救被压迫、被折磨的众生的伟人，他在哪儿?"据史料记载，卢维都尔将这篇文章读了一遍又一遍，梦想着自己能成为那个勇气可嘉的领头人。

卢维都尔的崛起

当 1789 年法国大革命的消息传到圣多明戈这座小岛时，起义一触即发。1791 年，曼奎特斯庄园率先爆发奴隶起义，周边庄园的奴隶们相继响应。在几年的工夫里，起义军的数量就增长到 5 万人，而美国有史以来最大规模的奴隶叛乱人数也仅有 500 人。

卢维都尔事先知道奴隶起义的消息，可能还协助策划了部分环节，但他一直在静观其变，直到一个月之后才加入。殖民地的政治局面错综复杂，阵营派系林立，还有些随时可能解体的联盟，没人知道种植园中下周会发生什么，更别说提前预知整个小岛的未来。

加入起义军时，卢维都尔将近 47 岁，已经是人们口中的"老杜桑"了。数月之内，他就自封为准将，手下带领的是三支起义军主力中的一支。为了赢得军心，卢维都尔暗示大家自己代表的是法国国王路易十六，说国王颁给他密令，准许他的部队一周休息三天，以示奖励。其实这只是他要的一个小把戏，因为起义军中基本没人识字。

1791—1793 年，他带领的军队所向披靡，以至于法国派出了万余名士兵——人数之众超出了美国独立战争期间法国派往海外的兵力。

1793 年，路易十六在巴黎被送上断头台。此后，在法国动荡未平之时，英国和西班牙抱着抢夺胜利果实的目的入侵了圣多明戈。西班牙刚向法国宣战，卢维都尔就找到了西班牙军队的指挥官，提出把自己手中 600 人的部队整编进对方军队，且承诺其他起义军也将陆续加入。就这样，卢维都尔当上了西班牙军中的上校，而他的对手是法国。

次年，在权衡利弊之后，卢维都尔率部投靠了法国军队。在不足一年的时间里，他带领已经壮大至 5 000 人的部队夺回了自己早先为西班牙卖命时攻下的法国城镇，并且将那些依然与西班牙交好的起义军拉拢到自己这一边。这一系列打击，连同西班牙在欧洲大陆军事行动的节节败退，迫使西班牙缴械求和。就这样，卢维都尔第一次打垮了一个欧洲超级大国。

接下来他要面对的是英国。英国已经向圣多明戈派遣了两支大军。卢维都尔还不善于对付职业军队，因而在 1795 年带兵撤退，并在其后近两年的时间里以守为攻。当时，圣多明戈岛上的其余黑人悉数投靠到他的麾下，总数约有 50 万。长期的消耗，再加上游击战、黄热病，卢维都尔的对手最终被拖垮了。当初来到这个岛上的英国士兵共有两万人，其中的 1.2 万人最终埋骨异乡。1798 年，英方与卢维都尔谈判后，余下的8 000 人方才撤离。另一个欧洲大国也败给了他。

1801 年，他率军攻打圣多明戈，这里曾是岛上的西班牙属地，也是如今多米尼加共和国所在地。这一次，他彻彻底底地击败了西班牙。1801 年 7 月 7 日，卢维都尔当上了整座岛的统治者，而在过去，他只是这里的一个奴隶。当选后，他随即出台了一部新的宪法。宪法规定，圣多明戈在名义上仍然是法国的殖民地，但是奴隶制将被废除，奴隶有权从事各种工作。这块领土将以独立国家的形式存在。在不到十年的工夫里，卢维都尔领导他的部队实现了不可能完成的目标。

重塑奴隶文化

在长期战斗的过程中，卢维都尔不仅展现了非凡的领兵之才，而且还在动员民众接纳他的新思想方面表现出过人的天赋。文森特·德·沃勃朗是驻圣多明戈的白人公使。1797年，他向法国议会发出警告，说"这块殖民地已经落入一群无知而野蛮的黑奴手中"。这番言论在巴黎掀起了轩然大波，甚至有传言说巴黎方面已着手策划应对方案。

作为回应，卢维都尔发表了一篇关于海地革命的公开声明，其中详述了他关于种族与文化的观点。正如菲利普·杰拉尔德在书中所言，"他逐条列出了沃勃朗的指控，又逐条把它们推翻。他说，黑人不是又懒又蠢的野蛮人，是奴隶制度把他们变成了这样。海地革命中的确出现过暴力，但法国革命中也出现过。事实表明，面对那些曾残暴对待自己的奴隶主，黑人表现得极其宽容仁慈"。卢维都尔表示，这些曾经为奴的黑人将他们的文化升华到前所未有的高度，以至于他完全可以本着正义之名就此收笔，为这些获得自由的黑人呼吁一份"被视作法国公民"的权利。

1798年，在卢维都尔与英国和谈并建立外交关系之后，《伦敦公报》刊文指出：

> 杜桑·卢维都尔是个黑人，用战争术语来形容的话，他是个"土匪"。所有记载都表明，他生而为黑人。可他用行动证明，一个人的内在品格与他的外在肤色毫无关系。

英国是全球最大的非洲黑奴输入国，在其废除奴隶制的 35 年之前，英国国内的这家媒体就对黑人发出了这样一番赞美之词。正如卢维都尔所预见的，欧洲人开始意识到，塑造黑人行为的，不是黑奴们的本性，而是奴隶文化。

同样意识到这一点的还有美国人。1798 年，美法关系出现裂痕。美国国会颁布禁令，停止与法国及其殖民地通商。进出圣多明戈的贸易活动陷入停滞。卢维都尔派出一位名叫约瑟夫·布奈尔的人去拜会美国国务卿托马斯·皮克林，希望对方能取消禁令。卢维都尔的聪明之处在于，他选择了一个白人来担当自己的斡旋大使，巧妙地避开了美国奴隶制尚未废除这一敏感问题。1799 年，在美国国会首肯下，总统约翰·亚当斯解除禁令，允许在不妨碍美国贸易的前提下，恢复与法国方面的通商。很显然，这条指令是专为圣多明戈量身定制的，因而被戏称为"卢维都尔条例"。

皮克林致信卢维都尔，信中表示美国将恢复与圣多明戈的贸易往来。菲利普·杰拉尔德在其著作《杜桑·卢维都尔传》中详细描述了这封信：

> 在信的结尾处他的措辞极为考究："我会认真考虑您的建议，先生。您恭顺的仆人。"对于卢维都尔这个曾经当过奴隶的人而言，这种外交辞令中的细微之处带给他一种非常奇怪的感觉：他不习惯身居高位的白人男子自称为他的"恭顺的仆人"。

美国宪法第十三次修正案废除了奴隶制，而在这之前 65 年，美国国会就已经为一个黑人开辟了绿色通道。他们能和这个黑人坐在一起共商大计，不是因为看到了他的肤色，而是因为感受到了他所开创的文化。

在塑造奴隶文化，使其发展为一种被全世界尊重的文化的过程中，卢维都尔运用了 7 个策略。下面，我将逐一介绍这 7 个策略。无论你身处何种机构、何种文化，它们都会对你有所助益。

保留有用的东西

为了打造自己心仪的军队，卢维都尔当初亲自挑选了 500 人，这些人跟着他刻苦训练，跟着他学习战术战法。通过这种方式，他得以在打造新文化的同时，将分歧降至最低。他很清楚，只有将士兵的整体文化提升到一个新高度，军队才能具备战斗力。但与此同时，他也意识到奴隶文化固有的优势，意识到彻底丢弃原有的文化是不会有好结果的。人们不会轻易接纳新的文化标准，也不会轻易认同一套新的文化体系。

卢维都尔将奴隶文化中的两个优势发挥到了极致。一个是黑奴在行巫术时唱的歌谣。卢维都尔是个虔诚的天主教徒，后来还宣布巫术不合法，但同时他又是个实用主义者，绝不会放过现成的工具。他将这种简单而易记的曲调改造成先进的通信手段。欧洲人当时还没有掌握远距离传递密令的方法，但他的部队能做到。士兵们会分散埋伏在树林中，当他们开始唱诵欧洲士兵完全听不懂的巫术歌谣时，某个特定的小节就是发起进攻的暗号。

二是卢维都尔的士兵大多具备军事技能。他们中有些人是从安哥拉－刚果海岸线上撤下来的退伍军人。卢维都尔采纳了他们的游击战战术，尤其是在丛林中包抄敌人并将他们一举置于死地的战术。接下来我们会看到，他将这种策略与欧洲最先进的战术方法融合在一起，形成了一套前所未有的混合战术。

制定出人意料的规则

奴隶一无所有，也无法积累财富，他们和他们的家人有可能在毫无征兆的情况下被夺去性命。这导致奴隶常常以短浅的眼光看待问题，彼此之间很难建立信任。要想让一个人放弃眼前的好处，对别人信守承诺，那必须确认一点：未来他人能给予自己的好处要大于自己现在为了他人而放弃的那份好处。如果他人做不到，那信任将无从谈起。

一旦身处军队之中，这种状态就会引发问题，因为对任何一个大型组织而言，人际信任都是基本要素。没有信任，沟通将无法维系。在任何一种人际互动中，所需的交流多寡与彼此之间的信任水平高低恰好成反比。

如果我对你百分之百地信任，那就不需要你对我解释为什么你会这样做，因为我清楚，你的一切行为都是为了让我的利益最大化。相反，如果我对你缺乏最基本的信任，那么无论你说什么，我都不会信，因为我觉得你说的不是真话，你不会关心我是死是活。

在一个组织发展壮大的同时，人际交流会成为最大的麻烦。假如士兵们信任将军，那么双方的交流就会顺畅得多。

为了在部队上下培养信任感，卢维都尔立下了一条出人意料的规则：已婚军官不得纳妾。在士兵当中，强奸妇女和巧取豪夺都是常事，所以要求军官对自己的已婚配偶保持忠诚显得很奇怪。有军官说："开什么玩笑!"还有军官要求统帅拿出制定这条规则的依据。

就在所有人都想知道"为什么"的时候，他们得到了一个令他们终生难忘的答案，一个塑造军队文化的答案。这个答案会在每一个新兵入伍时被讲一次，俨然成了军队文化的一部分。初来乍到的军官会问："说说为什么我不能找别的女人?"答案是，"因为在这支军队中，没有什么比你的承诺更重要。如果你对自己的妻子都不能信守承诺，那我们如何能相信你对军队忠诚?"（和这条规则相矛盾的是，卢维都尔本人就有好几个私生子，可哪个领导者没有短处呢?）

在卢维都尔领导的这支队伍里，婚姻、诚实、忠诚是核心因素，他将这三个因素全部融进这条出人意料的规则。

为了成功，注重着装

杜桑·卢维都尔加入起义军时，多数士兵都裸着身体。他们逃离种植园来到部队，已经习惯一丝不挂。为了将这些人改造成一支部队，为了让他们意识到自己是体面的战斗者，卢维都尔和其他一同起义的人穿上了当时能找到的最讲究的军服。这能不断提醒他们牢记自己的身份，提醒他们牢记自己为何而来。

菲利普·杰拉尔德写道：

为了证明自己的军队不是一群乌合之众，起义军中的这些人把所有旧制度下欧洲军人的那一套都拿来一用，包括配备副官、发放通行证、保留升职档案等。

很多为卢维都尔撰写传记的作家都认为，这些措施很荒唐。起义军难道不是想打垮旧制度下的欧洲及其所代表的一切吗？当然不是，他们想要的，是建立一支能够使其获得自由的军队和一套能够使其保持独立的文化。因此，他们才将旧制度中曾经取得成功的军队作为借鉴，学习其中优秀的成分。在下一章，我们将看到，像着装这样看似简单的问题能够改变一个人的行为，并继而改变文化，不仅会影响战争中的文化，也会影响商业领域的文化。

引入外部领导人才

在实现文化变革的过程中，领导者可以将他认可的某种文化中的领导人才为己所用。恺撒大帝在这一点上做得很出色。在建立罗马帝国时，他没有处决那些手下败将，相反，他任命这些将领管辖自己熟悉的领地。这些内容在《恺撒评注》中有详细记载，卢维都尔很可能在读这本书的时候吸取了其中的精华。

与恺撒大帝不同的是，卢维都尔面临的局面更复杂一些：压迫者和被压迫者早已习惯按照肤色划分阵营。所以，他让黑白混血儿加入军队，并且起用了被废除官职的法国保皇党军官，让他们用正规的战略战术操练部队。这个过程并不容易——当他拉着一个白人出现在士兵面前时，大家诚惶诚恐，但他还是坚持这么做了。有的黑人找他抱怨，说自己绝不会听一个白人或混血儿的命令，这时他就会倒一杯红酒，再倒一杯白开水，把它们混合在一起，然后说，"你能分出这里面哪些是红酒，哪些是水吗？我们必须一起干"。

公司文化往往服务于一个简单的目标——提供人们想要的产品或者服务。但是，公司走过了最初的发展阶段后，势必与时俱进，接受新挑战。为了打败法国，卢维都尔势必了解法国的文化及其军事策略，所以他才会将深谙此道的法国军官留下来为己所用。

我经常见到一些意欲进军新领域，但又不想对其文化做出相应调整的公司。很多消费者公司一方面希望能打进企业市场，也就是说，将产品出售给大公司，但另一方面又不愿意接受身穿奇装异服的员工。他们坚信自己原有的文化已足够完善，但事实证明并非如此。

塑造伟大的文化意味着你能因地制宜地做出调整。若想做到这一点，你往往需要借助外部力量，这些人才熟知你心仪的文化。

做决策时要分清主次

领导者的决策越是有违直觉，对于文化的影响力就越大。卢维都尔在塑造属于自己的文化时，就曾做出最有违直觉的决策。

起义军刚一占领圣多明戈，士兵们就想找庄园主们血债血偿。这原本是卢维都尔最不可能反对的事情，因为换位思考，庄园主们也会这样对待他。但是，卢维都尔讨厌复仇，他坚信复仇之风只会毁掉文化，绝不会提升文化。

同样，在与法国对战的过程中，他还得给政府提供资金援助。假如国家财政垮了，那他的革命也成功不了。圣多明戈的经济完全依靠农作物，没有它们，这个地区将不名一文。卢维都尔说过，"农业的繁荣是保证黑人获得自由的重要前提"。他很清楚，要保住经济上的优势，种植园的规模绝不能缩小。这些种植园主受过教育，经验丰富，知道如何将农业生产按照正常的节奏维系下去。

所以，卢维都尔不但让种植园主们活了下来，还允许他们继续保留自己的土地。条件是，他们必须将 1/4 的收益支付给劳动者。同时，他命令这些人必须住在种植园里，以便对劳工是否得到报酬和是否被善待直接负起责任。如果对方不服从上述命令，那他们的土地就会被没收充公。

通过这些措施，卢维都尔用实际行动向人们传递了一个理念：革命不是为了血债血偿，殖民地的经济繁荣才是最高目标。他所说的"停止报复"无疑是正确的，但真正奠定了文化基础的却是他的行为。

言行一致

任何一种文化的发展都离不开领导者的倾力投入。若是领导者朝令夕改，言不由衷，那无论蕴含多么精巧的设计、多么审慎的规划、各项要素被多么坚定不移地实施，整套文化都难免崩塌。

设想一下，公司 CEO 将"守时"定为公司文化的一个重要指标，并且对"守时"的重要性发表了雄辩有力的演说，指出员工的时间是公司最宝贵的资产，如果一人迟到，那就等于在剥夺其他员工的资产。可是，CEO 本人却每逢开会必迟到。在这种情况下，有几个员工会重视这条规定？

卢维都尔深谙此道。他对士兵要求严格，自己更是身先士卒。他与大家一起住，一起干活。若是需要搬动大炮，他也会帮忙，有一次还因此弄伤了手。打仗时，他也是冲在最前面。自亚历山大大帝之后，欧洲再也没有哪个将领会这样干。正因为如此，他曾在战争中负伤多达 17 次。

为了打造信任感，他首先保证了自己是个靠得住的人。正如 C.L.R. 詹姆斯所描述的，"他为这些人付出很多，因而赢得了他们的信任。1796 年之前，在这群没有文化、为温饱而战、为生存而烦扰、缺乏安全感的人当中，卢维都尔的话就等同于法律，他是北部地区大家唯一可以依靠的人"。

他立意打造的文化恰好反映了他的价值观，正因为如此，在将观念付诸行动一事上，他比大多数人做得都好。在一场短兵相接的血腥战斗中，他打败了南部地区的黑白混血指挥官安德烈·里戈。里戈不仅在之前背叛过卢维都尔，而且还蔑视他的权威，宣扬种姓制度的合理性，说黑人就该是最低贱的群体。面对里戈的支持者，他说出了自己最终的决定："宽恕我们的过失，正如我们将宽恕那些施害者，你自由了，因为我已宽恕一切。"

文化的持久存在靠的不仅仅是鼓舞人心的言辞，还要看领导者是否践行了相应的价值观，因为文化源于行动，源于领导者树立起的榜样。

让道德标准清晰起来

所有公司领导都认为自己秉持诚信，但你从员工那里听到的却完全是另一回事。秉持诚信的困难在于，诚信是一个抽象的、需要时间检验的概念。诚信会让你在本季度得到额外的红利？恐怕不会，可能还会起反作用。诚信会让你的产品提前一周被推向市场？同样不可能。既然如此，为什么我们还要倡导诚信？

正直、诚实、体面，这些因素都是文化建设的长线投资。它们不是为了本季度的业绩，不是为了击垮竞争对手，也不是为了招揽新员工，而是为了营造一个更好的工作氛围，让公司能长期处于一种更好的运营状态。当然，这些东西不可能凭空得来。它们会使你在短期内损失一些利润、一些人才和一些投资，这也是为什么很多公司都难以在实际工作中真正地践行它们。但事实证明，在现代社会中，当领导者违背这些正确的方针去经营公司时，最终的结果往往让他们追悔莫及。

践行诚信的一大困难在于，诚信是个很难被框定边界的概念。你不能一边保持对员工的诚信，一边欺瞒客户，因为员工会看到你的前后不一，会有样学样地彼此欺骗。所以，你的行为必须遵循统一标准，你得在所有情境中践行自己的诚信。

正是了解了这一点，卢维都尔才不辞辛苦，有计划、有决心地将手下这支奴隶军团带领到了一个又一个更高的平台上。他没有将视线停留于眼前，而是打定主意锻造一支军队，继而建立一个国家，使其中的每个成员都能为之自豪。他的目标不仅是赢得一场革命，而是建立一个伟大的国家，正因为如此，他必须心怀长远。

　　这个新生的国家有一系列问题等待解决：个人产业，社会道德，公共教育，宗教包容，自由贸易，公民荣誉，种族平等。卢维都尔强调，每个公民都有责任为实现上述目标而奋斗。"公民们，请感受这种新的政治地位带给你的荣耀。在获得宪法赋予你的一切权利的同时，别忘记它加在你身上的重担。"面对军中将士时，他的言辞更加直白："别让我失望……敌人已被我们赶出了这片海岸，接下来你们将有充足的时间考虑这些现实问题。我们为之而战的自由，这世上最宝贵的东西，不会消亡。"

　　卢维都尔提出的道德原则有个最重要的特征：清晰直白。通常情况下，CEO们会对产品上市等问题确立格外清晰的目标，但是对遵纪守法之类的问题却三缄其口。这样的做法十分危险，因为诚信往往与企业文化中其他一些明确的目标相矛盾。假如公司要求员工秉持诚信去做事，但又未对什么是诚信、该如何做到诚信等问题给出详细的说明，那无论雇用了什么样的人才，公司一样会落败。

　　这也是为什么卢维都尔要强调令行禁止。曾与卢维都尔交过手的法国将军写道，"在军令的严格程度上，任何一支法国军队都比不上卢维都尔的部队"。他们与法国军队的差异一目了然。"在戴尔索斯和其他一些地方，士兵肆意横行，贵族和骑士们违反特赦条令，砸毁大炮和武器库，杀戮牲畜，放火烧毁农庄。卢维都尔手下的这些黑人衣不蔽体，食不果腹，却列队行进，严格遵守军令，绝不会犯下烧杀掳掠的罪行。"

　　在与英军作战时，卢维都尔自己的将士尚且吃不饱饭，可他却依然把食物分给了当地一些快要饿死的白人妇女。他在日记中写道："看到这些无辜的白人因为命运的无情而沦为战争的牺牲品，我的心被撕成了两半。"白人妇女们接受了这个"令人不可思议的男子"的帮助，把这位相貌丑陋的、曾做过奴隶的男子唤作父亲。海地革命的领导者生而为奴，可殖民地上的白人女性却视他为"父亲"，这个故事听起来让人难以置信，可它的的确确发生过。这就是道德的力量。

截至 1801 年，卢维都尔在文化建设上付出的一切开始有了回报。在黑人和黑白混血一族的共同治理下，殖民地的文明基本恢复到了法国统治时期的巅峰状态。诚信的价值被验证了。

遗憾的结局

卢维都尔的结局令人唏嘘。1801 年，他颁布宪法宣告独立，此举大大地惹恼了拿破仑。次年，卢维都尔的副手让 - 雅克·德萨林——一位性情乖戾的将军，与拿破仑派驻圣多明戈的总指挥私相勾结，导致卢维都尔在一次外交会议上被捕，继而被押往法国。在法国的监狱里，卢维都尔度过了饱受折磨的余生。1803 年 4 月 7 日，他因中风和肺炎去世。同年，拿破仑开始在加勒比地区重新推行奴隶制度。也正因为如此，德萨林又调转枪口对准了拿破仑，集结手下的起义军旧部打败了法军，并在 1804 年 1 月宣告独立。德萨林将圣多明戈更名为海地，同年晚些时候，他当选为海地总统。

德萨林继承了卢维都尔的遗愿，完成了他为之奋斗毕生的革命，但旋即又做出了两个深为卢维都尔所不齿的决策：他下令处死了海地境内的大部分法国白人，并将私人土地收归国有。卢维都尔曾经定下的文化和经济发展战略就这样被调转到了截然相反的方向。尽管法国政府在 1825 年最终承认海地独立，但它责令德萨林必须为其目光短浅的决策付出代价。按照今天的市值估算，海地政府要为法国损失的奴隶及种植园给出高达 210 亿美元的赔偿。上述事件对海地的影响延续至今，那里依然是世界最贫困的地区之一。

为什么结局会如此令人遗憾？卢维都尔这样一个对文化与人性有着深刻洞察力的天才怎么就没有感觉到身边有背信之徒？在一定程度上，他与希腊神话中的俄狄浦斯很相似。俄狄浦斯解开了斯芬克斯之谜，却对自己身边的迷雾一无所知。卢维都尔对于人性过于乐观，结果听不进任何逆耳忠言。

卢维都尔对于法国革命及其所倡导的自由深信不疑，因此他将拿破仑看作革命精神的化身，而非种族主义者，但真相与他的期望恰恰相反。拿破仑曾破口大骂，"我要把军装从殖民地所有黑鬼的身上扯下来，不达目的，绝不罢休"。

卢维都尔对法国抱有满腔忠诚，当法军入侵时，他没有宣告独立。其实，他完全可以将整个岛上的力量联合起来。只能说，当时的他缺乏决断。

而且，卢维都尔太过于信任他的军队，以为他们能够因信任这个统帅而拼尽全力。他错了。对于他在农业生产方面的立场，对于他在维系与法国外交关系上不断做出的努力，对于他在禁止复仇这件事上的态度，士兵们早已心怀不满。卢维都尔没料到人复仇的愿望竟如此强烈，可德萨林料到了。

C.L.R.詹姆斯总结得很到位："如果说德萨林能够看清形势，那也是因为他这个没什么文化的将军与法国革命之间的纽带经不起考验。他能轻松看出眼前的问题，是因为他压根儿就看不长远。卢维都尔输在明理，而非输在无知。"

卢维都尔开创的文化志存高远，令他那不甚出色的后任难以企及，其深远影响经年不息。拿破仑在逮捕卢维都尔之后，曾试图在圣多明戈重新推行奴隶制，最终遭到了卢维都尔旧部的迎头痛击。卢维都尔虽已逝去，可他的部队第三次击败了一个欧洲强国。拿破仑在圣多明戈遭受的军事损失超过滑铁卢一役，战局的反转迫使他将路易斯安那州和另外14个州的部分地区以1 500万美元的价格卖给了美国。这位法国皇帝后来坦言，早知如此，他一定会通过卢维都尔之手统治这个小岛。

历史影响

圣多明戈的奴隶革命步步紧逼，直至蔓延到整个加勒比地区。之后在巴西、哥伦比亚、委内瑞拉、库拉索、瓜德罗普、波多黎各、古巴以及路易斯安那等地爆发的革命多多少少都受到了海地革命及其追随者的影响。在一系列事件的影响下，法国、英国和西班牙的军队最终撤出了这片区域。

卢维都尔的影响力还波及美国。在他的精神鼓舞下，美国的废奴主义者约翰·布朗向哈伯斯费里小镇上的军械库发起了进攻，希望以此点燃当地黑奴反抗运动的导火索。此次进攻虽以失败告终，布朗被处以绞刑，但它却激化了小镇原有的紧张局势。一年后，美国南部的 11 个州宣布脱离联邦，美国内战全面爆发。

有史以来最具文化洞察力的天才人物没能在自己的家园开创出他渴望的生活景象，但却从旁边推动了西方世界的文化变革——从奴隶文化向自由民文化的变革。

杜桑·卢维都尔走错了一步，为此付出了生命的代价。可正是他，让所有人得到解放。

02

杜桑·卢维都尔的商业启示

我是个杀人犯，但我不赞成暴力。

——古奇·马内

卢维都尔凭借罕见的智谋与技巧搭建了属于自己的文化。他的那套策略在现代化公司里依然行之有效。

保留固有文化优势

当史蒂夫·乔布斯于1997年重新执掌大权时，苹果公司正值最低谷。公司的市场份额从1985年乔布斯被解雇时的13%降到了3.3%，现金仅够维持一个季度，濒临破产。当竞争对手戴尔公司的老板迈克尔·戴尔被问及苹果公司应该何去何从时，他说，"假如让我来做决定，那我会关门歇业，然后把钱还给持股人"。

即便在苹果内部，员工们也几乎无一例外地相信，公司的衰败源于个人电脑经济。个人电脑经济理论认为，鉴于这个产业已经将个人电脑中的硬件商品化——IBM（国际商业机器公司）的盗版随处可见，那么赚钱的方式将不再是供应商把电脑与操作系统卖给客户这样一种垂直供应关系。相反，经营焦点变成了水平方向的一种选择：让操作系统在别人家的硬件上也能运行。

几乎所有的分析人员都建议苹果公司将Mac OS操作系统作为产品来出售。1997年，《连线》杂志刊文称："接受现实吧，你已经被硬件市场淘汰了。"就连苹果公司的联合创始人史蒂夫·沃兹尼亚克都同意这种观点。"我们拥有最漂亮的操作系统，"他说，"但要想使用它，你得先以两倍的价格购买我们的硬件。这显然是错的。"

史蒂夫·乔布斯不这么看。事实上，出任CEO后他做的第一件事就是停止将Mac OS操作系统出售给其他硬件供应商。

这一行业里还流行一种观点：公司应该竭尽所能，通过渗透进电脑产业链的每一个环节——服务器、打印机、台式机、笔记本电脑——扩大市场份额。同时，公司还应该尽可能多地推出各种型号、各种尺寸的电脑，以满足客户的多样化需求。可乔布斯没有这么干。他以迅雷不及掩耳之势停掉了苹果公司大多数产品的生产线，包括多种型号的台式机、所有的服务器、打印机以及牛顿掌上电脑。

为什么？因为乔布斯看问题的视角完全不同于常人。在一次全员会议上，他问大家："请告诉我这个地方有什么不对？"他自己给出了答案："产品！"接着他又问："这些产品有什么不对？"他再一次自问自答："这些产品糟透了！"

在他眼中，问题不是出在个人电脑产业带来的经济结构上，而是出在产品本身。苹果公司要做的，是推出更好的产品。为此，他需要对公司文化做出调整，但调整的前提是，他只能基于苹果公司的优势，而非微软公司的优势。

整合软件和硬件，这一直都是苹果公司的核心优势。在巅峰时期，苹果没有将关注点放在中央处理器的速度以及内存的大小等行业指标上，而是致力于打造像麦金塔电脑这样能够激发人们创造力的产品。在整合方面，苹果公司堪称第一。部分原因是它对产品有着全局把控，从用户界面到硬件的具体色彩，无一遗漏。乔布斯将那些与他一样看重用户体验的完美主义员工留在了身边。他曾这样评价其中一个员工——设计师乔尼·艾维，"他比所有人都更清楚我们该做什么"。

1997 年，苹果发起了著名的"非同凡想"广告大赛。这项赛事聚焦于那些创造力突出的天才人物，例如甘地、约翰·列侬，还有阿尔伯特·爱因斯坦。乔布斯解释说："在苹果公司，我们已经忘记自己是谁。

唯一能让你记起自己是谁的方式，是记住你心中的英雄。"为了让苹果公司再创辉煌，他必须在先前不曾关注过的文化领域做做文章。

乔布斯压缩了产品生产线，以确保公司能集中精力打造完美的用户体验，那些以提高机器规格、配置、速度为目标的，不关注用户感受的工作被放在了一边。日复一日，他逐步推出了 iPod、iPad、iPhone 等产品，但从未"横向"拓展过——他始终将软硬件打包经营。为了进一步提升用户体验，乔布斯还开起了苹果商店，这家商店后来发展成为全世界零售业界的佼佼者。

史蒂夫·乔布斯重掌大局时，苹果公司岌岌可危，似乎撑不过一个季度。而截至目前，它已成为全球最赚钱的公司。

当整个行业都在等着看苹果公司的笑话时，它的领导者一定很想对原有企业文化做一次大换血。乔布斯的前任吉尔·阿梅里奥就曾试图这样做，但乔布斯没有，他和海地革命的领导者卢维都尔是一类人。后者，曾经的奴隶，将奴隶文化中优秀的元素保留下来，融进了他的军团文化。而乔布斯，曾经的企业创始人，深知苹果公司原有的优势不该被丢弃，反而应该使其成为新时期新使命的基石。

确立出人意料的规则

在确立文化规则时应遵循以下标准。

1. 规则应该简单易记。如果人们记不住规则，那也一定记不住与之相关的文化。

2. 规则应该足够独特，足够出人意料，能引发人们问一声"为什么"。

3. 规则应该对文化产生直截了当的影响。对于"为什么"的解答应该能清楚地反映文化观。

4. 规则应该是人们每天都能遇到的。假如它一年中只能派上一次用场，那就是无用的规则。

汤姆·劳克林在2004—2015年担任美国职业橄榄球队——纽约巨人队的教练。他制定了一条让人咋舌的规则：准时到达意味着迟到。开会时，他总会提前5分钟开场，队员们如果迟到（其实是按时到），会被处以1 000美元的罚款。这是为什么？

一开始，这条"劳克林规则"推行得很困难。几个球员向NFL（职业橄榄球联盟）发出投诉信，《纽约时报》也刊登了言辞尖刻的评论文章：

> 在处理与球员的关系问题上，巨人队教练汤姆·劳克林开局不利。有迹象表明，在本赛季，他已经对球队造成一些负面影响。

据 NFL 的确切消息，继周日以 17：31 落败于老鹰队之后，巨人队中的三名球员投诉了劳克林，他们因为没有提前参会，被劳克林罚了款。

几周前，后卫球员卡洛斯·埃蒙斯与巴雷特·格林，侧位球员泰瑞·卡森——三人都是处在休赛季的自由球员，因为开会时仅仅提前了几分钟而不是更早到达会场，每人被处以 1 000 美元罚金。

面对媒体指责，劳克林并没有心慈手软，反而更坚定了自己的态度。"球员应该准时到场，这一点无须多言。"他说，"假如要求他们按时到，那他们真的会按时到，可会议已经在 5 分钟前开始了。"

这条规则容易记住吗？容易。它会让人问"为什么"吗？会。因为上至 NFL，下至《纽约时报》，所有人都听到了球员们的质疑声。它会和你的每一天发生关联吗？当然。但凡涉及与时间有关的安排，它都会闪进你的脑海。但是，劳克林究竟想以此实现什么目的？

四分卫球员莱恩·纳西布已在球队中效力 11 年，与球队一同赢得过两次超级碗冠军。他曾在事后对《华尔街日报》的记者做出解释：

> 劳克林的时间观更像是一种思维方式，目的是让球员学会自律，以确保他们守时、注意力集中，确保他们在会议开始时就已准备就绪。这其实是非常有益的一个规则，因为当走出球场，踏足现实世界时，你还能应对自如，总能有 5 分钟的准备时间。

在商业领域，建立有效的合作关系并不容易。微软与英特尔或者希伯系统与埃森哲这种成功合作的案例已经成为传奇，但是每一次成功的背后都隐藏着上百次失败。仅是协调公司内部的各方利益就足以让你头疼，而协调两家公司之间的关系更是难于上青天。

20世纪80年代，商业书籍中推崇的是双赢合作理念。遗憾的是，这个理念过于抽象。你怎么知道一笔买卖是双赢的？你真的能做到对半划分利润？而且，这种思路也不能解决文化适应的问题：假如公司文化中的一切细节都是以"赢"为目标，那么为了实现双赢，人们应该在行为方式上做出何种改变？最后一点，它的内涵极易被歪曲。狡黠的谈判者惯于这样说："我们希望这是一次双赢。"

1998年，黛安·格林与人合伙成功创办了一家虚拟化操作系统公司VMware。成功创业与她采取的合作策略密不可分。但是，在她涉足的领域曾经出现过有史以来最不平等的一对搭档：借助桌面操作系统，微软公司在与IBM的合作中拥有了绝对的主导权。所以，当VMware这家拥有独立操作系统的公司提出类似的双赢理念时，很多潜在合作伙伴都极度怀疑。

于是，格林提出了一个出人意料的建议：两家公司的分成将会是49∶51，VMware占小头。这不是让自家公司吃亏吗？人们必然要问一声"为什么"。

格林说，"我必须给公司里负责企业发展的员工充分的自由，让他们能善待自己的搭档，因为一边倒的合作关系是不会长久的"。事实上，她的这条规定没有遭到反对，反而让大家如释重负。她的员工想要营造互惠互利的合作关系，格林的举措恰好满足了他们的需求。当然，划分成

49∶51 不比划分成 50∶50 容易，但是员工们能领会她的用意——"涉及利润之争时，不妨大度让利于搭档"。VMware 之后又与英特尔、戴尔、惠普、IBM 等公司建立了良好的合作关系，其市场资本总值也因此达到 600 多亿美元。

在大型企业中，最具文化独创性的是亚马逊。它以多种方式宣传自己的 14 条文化价值观，但也许最有效的宣传途径就是制定一些出人意料的规则。亚马逊倡导"节俭"，它这样定义"节俭"：用最少的资源办最多的事，要节能开源，要自给自足，要搞发明创造。增加人员，增加预算开支绝非明智之举。

定义下得很不错，但是应如何把它们一一落实？真实状况是，亚马逊从家得宝零售店买来廉价门板，用钉子钉上四条腿后充当办公桌。从人体工程学角度来看，这些由门板改造的桌子一点儿也不舒服，但如果新来的员工诧异于为何要用临时拼凑的桌子办公，那他得到的答案会极其一致："我们竭尽所能节约花费，目的是以最低的成本打造最好的产品。"（如今的亚马逊不再给每位员工提供由门板改造的办公桌，因为它找到了更便宜的替代品。）

亚马逊的某些价值观相当抽象，比如"深潜"。这条标准鼓励领导者深入基层，体验各个层级的工作，了解方方面面的细节，当指标与传闻不一致时，要提高审计频率，扩大调查范围。

很了不起的想法。但如何才能将这样的深思熟虑嵌入文化？与之相关的一条规则叫作"开会时不得使用 PPT（演示文稿）"。在一个依靠 PPT 做陈述大行其道的行业里，这条规则很让人费解。在亚马逊开会，你得准备简短的手写文稿来说明你要陈述的事项以及你对于此事的立场。会议开始后，所有人会先默读这份文稿，然后在每个人都熟悉当前议题背景资料的前提下，进入集体讨论环节。

亚马逊执行官艾瑞尔·格尔曼表示，这条规则大大提高了开会的效率：

> 假设你得在会上提出某个棘手的议题，希望在尽可能短的时间里将相关信息和数据提供给大家，以便能围绕你即将做出的商业决策进行一番基于事实、充满智慧的对话。
>
> 以给新产品定价为例，你不得不在会上介绍成本结构，介绍哪些是固定成本，哪些是变动成本，然后提出三种定价方案，每一种又都有各自的优缺点。毫无疑问，信息量会很大。之后，你可以静坐一旁听别人挑刺儿。但是，多数人都无法在长时间内保持注意力高度集中，因而也无法将所有信息听进去。此外，时间战线会被拉长。大量研究表明，多数人的大脑都能更快更好地从书面材料中接收信息，其效率大大高于依靠耳朵去听。此外，要求人们将工作计划写在纸上，能促使他们借由细节表达想法。

文化意味着一整套行为规范。通过要求员工在开会之前对行动计划做深入思考，亚马逊在文化中融入了行为规范，并因此将其文化朝着正确的方向持续推进。

在创办脸书初期，马克·扎克伯格就深刻感受到一点：使用这个网络的网民越多，他的服务及产品就越得力争上游。竞争对手 MySpace 的注册用户大大多于脸书，要想赶超，他就只能在软件上下大力气，以便让自己的软件优势更突出，用户友好性更强，更能吸引潜在用户。扎克伯格知道，自己的时间所剩不多：假如 MySpace 继续发展下去，那它将从一个娱乐平台摇身变为不可战胜的业界霸主。

对扎克伯格而言，速度是第一要素，所以他定了一个规则：快速前进，勇于打破。设想一下研发人员乍一听到这条规则的反应：什么？勇于打破？应该是勇于创造吧！为什么马克要求我们打破？好吧，他其实是在告诉大家，当你想到一个创新的点子或产品，但又不确定它是不是值得你推翻原有的代码另辟新路时，你其实已经知道该怎么办了。快速前进是他的价值观，而破除旧的一切则是这条价值观的副产品。扎克伯格后来发现，这条规则之所以有如此强大的效用，是因为它不仅反映出脸书希望得到什么，而且说明了脸书为此应该放弃什么。

在成功赶超 MySpace 之后，脸书面临新的挑战，比如，如何将这个社交网络变成一个社交平台。"快速前进"在此时已超越价值观的范畴，变成一种责任。随着外部开发商陆续在脸书上推出应用程序，这个平台开始变得四分五裂，进而让脸书合作伙伴的业务陷入危机。为此，扎克伯格在 2014 年做出了调整，用尽管老套，但却符合实际需求的"在巩固基础建设的前提下快速发展"的规则替代了之前那句名言。他很清楚，文化价值观必须适用于企业当前的使命。

玛丽莎·梅耶尔在 2012 年出任雅虎公司 CEO。当时，雅虎以其员工工作作风懒散在业界享有"美"名。梅耶尔知道，要想不输给老对手谷歌公司，她的员工就必须全身心地投入工作。一开始，她以身作则，经常加班到深夜。可每当早晨来到公司时，映入她眼帘的依然是一片空空荡荡的停车场。

于是，梅耶尔在 2013 年制定了这样一条规则：工作时要全心全意，不得将工作拿回家里去干。这条规则挑战了人们的常识，在公司内外引起了强烈反响。要知道，雅虎是一家技术型公司，而技术就该被用于发明工具，使人们能够在家工作。在所有人吵翻天的时刻，梅耶尔冷静地给出了解释。她说，自己调取了那些在家工作的员工在虚拟专用网上的记录——员工只有登录虚拟专用网，才可查看工作文档，结果发现大多数所谓的"在家工作的员工"压根儿就没有工作。

为了对企业文化做出实质性的改变，她独树一帜立新规，出乎所有人意料。当然，这条规则也没有起到太大作用，因为尽管梅耶尔将"勤勉"理念渗透进了雅虎的文化，但她并没能力挽狂澜拯救雅虎。这也正是文化的本质：它能够使你更好地完成当前的任务，但无法修正你的策略，无法助你击败强有力的对手。

为了成功，注重着装

玛丽·博拉在 2014 年出任通用汽车公司 CEO 时，下定决心要清除公司内部严重的官僚体制。这种体制阻碍了广大员工和手无实权的经理的发展：管理人员不与员工沟通，不提供指导，相反，他们依赖烦琐的规则完成上述工作。最典型的例子就是公司为员工着装颁布的长达 10 页的规定。为了改变这种文化，博拉将 10 页的内容压缩成了一句话：着装要得体。

在"沃顿人力资源分析"大会上，她讲述了这段经历：

> 人力资源部门的负责人向我提出，"着装要得体"只是一个抽象的要求，而员工手册上应该列出更多的具体细节。他们举例说，"不得身穿印有不宜言论或内容的 T 恤"。

博拉很不解。

"就 T 恤而言，'不宜'究竟是指什么？"她半开玩笑地问听众。

> 最后，我只能重申，"一句话足矣，就这么定了"。接下来发生的事情才让我真正了解了这家公司。

很快，博拉就收到了一位高管的邮件：

他在邮件中写道，"建议你制定一条更好的着装规定，现在这个远远不够"。于是我拨通了他的电话，显然他也没料到。我请他向我说明为什么当前这个规定还不够。

他说，他的部门中有些人员会时不时地与政府官员打交道，常常是临时安排，所以他们得穿上得体的服装。

"好，你干吗不去和自己的手下谈一谈？"我答复道。在通用公司，他算是资历不浅，身居要职，手中掌管着几百亿美元的预算。几分钟之后，他给我回了电话，说，"我和他们谈过了，大家讨论得很积极，最后一致同意，4个偶尔会跟政府官员打交道的员工各自在衣柜中备一条西裤"。问题就这样解决了。

这件小事向通用公司的整个管理层传递了一个影响深远的信号。每当经理约见员工时，都会想一想，"员工的着装得体吗"。如果答案是否定的，那他会想，"我怎么做才能最有效地解决这个问题""我和员工的沟通是不是足够顺畅，就这样的敏感话题是否能开诚布公地聊一聊"。新的规定迫使这些经理开始真正的管理工作。

迈克尔·奥维茨在经营好莱坞顶级艺人公司 CAA（创新演艺经纪公司）时，同样没有制定明确的着装规范，但不成文的规范却有一条。"70年代中期，我们生活的环境依然充斥着60年代的文化气息，所有人都穿 T 恤和牛仔裤，"奥维茨回忆道，"我得对此做点儿改变。"他选择从管理层开始动手。"假如你身穿考究的深色西装走进房间，那别人会对你刮目相看。如果你希望获得他人的尊重，那就用相宜的方式打扮自己。"

奥维茨以身作则，每天都会穿考究的深色西装来上班。他从来没有直接要求任何人效仿他，但这并不意味着别人可以随心所欲。"有一次，洛杉矶下大雨，一些人穿着雨靴和牛仔裤进了公司。我走到一个经纪人面前，对他说，'这身打扮不错，你是要去片场干活吗?'这会让公司业务一团糟。"奥维茨给他下了最后通牒：你是推销员，还是消费者? 是全球顶尖的经纪人，还是默默无闻的小演员? 他的办法果断决绝，虽然没有直言，但却在很短的时间里彻底改变了 CAA 员工的着装习惯。"音乐部门是个例外，因为搞音乐的人都不喜欢穿西装。"

着装习惯的改变对于企业文化的影响是深刻的：

> 它使整个公司达成了一个共识：我们是优秀、得体、稳重的生意人。这种文化使我们无须开口就能表达我们希望表达的一切。通过它，我们将公司打造成一个受人尊重的企业，而这份尊重，源于文化本身。

你的着装方式一目了然、具体有形。它同时也是一股重要的、无形的力量，影响着你公司员工的行为。奥维茨总结说："文化的塑造更多来自看不见的力量，而非看得见的东西。它是意志的体现。"

引入外部人才

我在 LoudCloud 担任 CEO 期间，为了公司的生存发展，不得不将一个在云服务领域蒸蒸日上的企业转型为软件公司。21 世纪初期，网络公司和电信行业相继开始走下坡路，此后，云服务的市场需求量一夜之间就从曾经的巅峰跌入低谷。我们险中求胜，转型创立了 Opsware 公司，随后就发现自己陷入了与 BladeLogic 九死一生的激烈竞争中。我知道，要想和它较量，就必须对企业文化进行大刀阔斧的改革。

经营 LoudCloud 时，我们的工作是以满足应接不暇的市场需求为重心，所以在文化建设上，我们强调赋权，强调突破瓶颈谋发展，致力于打造一个完美的工作场所。将我们的服务平台卖给大企业之后，要让手中的这家软件公司站稳脚跟、取得成功，我们就不得不将紧迫性、竞争性、精准性放在首位。为此，我必须寻找具备上述特点的领导人才。

马克·格兰尼是我聘任的销售主管，其个人特质与周围人格格不入。说实话，他就是个异类。多数公司员工是不信教的民主党支持者，深受西海岸风气影响，着装休闲，待人热情随和，相信人性本善。格兰尼是个摩门教徒，支持共和党，受波士顿风气影响，喜欢穿西装、系领带，惯于用怀疑的眼光看待他人，极为争强好胜。就是这样一个人，在接下来的 4 年里不仅拯救了公司，而且还给大家带来了意想不到的收获。

我很清楚自己为什么会选择他。面试时，我能感觉到他的自律、紧迫感以及那种胸有成竹的自信。这都是我们需要的。我不清楚的是，他为什么会选择这份工作。我们的劣势似乎一目了然，而且鉴于公司人力有限，在竞争中落败也顺理成章。他为什么甘愿冒这个险？我最近还就此事问过他，而他的回答大大出乎我的预料：

> 我之前在一家名叫 PTC 的东海岸公司干得风生水起，但后来我的职业发展陷入瓶颈，因为在公司高层，裙带关系盛行。辞职后，我在波士顿应聘了差不多四十多个销售职位，但没有找到合适的。
>
> Opsware 公司的招聘官和我联系过几次，最后我回电告诉他："我不想去加利福尼亚。那里的房地产业很糟糕，文化很差劲，销售工作不受重视。此外，你们不就是 BladeLogic 口中的那家叫作 Opsware 的公司吗？你当我是傻瓜吗？"
>
> 对方还是不死心，再三与我联系，最后我说，"好吧，我去会会马克和本，但仅此而已"。（马克·安德森是公司的联合创始人）。到旧金山后，我看了一眼自己的黑莓手机，才知道自己在这次面试中得接受一堆人的考问。
>
> 我还是去了。你当时从办公间走出来，我心想，真是家该死的小公司。我的疑惑很快得到了验证：这里的人性格绵软，带着西海岸的气息，众人一心，每个人都有发言权。这样的氛围有助于研发设计，而搞销售却意味着战斗，销售部门的人员需要的是协同作战能力。接着，我又看到了会议室的名字，"Salt-N-Pepa""声名狼藉先生"，都是些什么乱七八糟的？当我明白他们都是说唱歌手的名字时，我想，天哪，太不靠谱了。

落座后，我对你说，"本，我想先了解下你的面试流程以及用人标准。你安排那么多人来面试我，如果他们每个人都有投票权，那倒在一定程度上说明了你为什么会落入今天这般田地"。你站起身来说，"嘿，浑蛋，我是 CEO，我说了算"。当你说出"嘿，浑蛋"这句话时，我心想，慢着，也许我可以留下来。

我目瞪口呆。就这么简单？嘿，浑蛋？很奇怪，但也颇有深意。当时，正因我想了解马克其人，正因我用了他熟悉的文化方式和他对话，才让他感到了充分的放松和自在，并最终选择了我们。

公司在危难之际请到了马克。当时，我们既没有打造过企业销售文化，也没有积累过与之相关的要素：销售理论，销售方法，销售态度。我们需要一种以赢为目标的理念，一套出手即能获胜的方法，以及一番战之必不认输的态度。凡此种种，马克·格兰尼身上都具备。令我们感受深刻的首先是他的理念。他坚信，人生在世，要么兜售，要么被兜售：如果你无法说服客户购买你的产品，那客户必然说服你接受了他为什么不选择你产品的说辞。

他为公司的 8 人销售团队灌输了一套重要的 4C 原则。作为一名销售，你得具备：其一，能力（Competence）——熟悉你营销的产品，知道该如何展示它（在明确买方需求及预算的前提下进行推销，在争取客户的同时帮助他们确立购买标准，获得技术领域和经济领域买家的认可，诸如此类）；其二，信心（Confidence）——敢于表达观点；其三，勇气（Courage）；其四，信念（Conviction）——绝不被拒绝你的客户说服。格兰尼全身心投入到销售人员的培训与考核上，用这个 4C 原则激励他们做出改变。

在他看来，销售工作靠的是团队力量。你可能因此而以为他的团队中充满趣味，一团和气，但其实不然。他总是说大多数推销员都存在问题：既胆小如鼠，又缺乏头脑，而且还没有自力更生开创局面的信心，而这正是体现团队价值的地方。销售团队中的每个人都有各自的角色，要么熟悉技术，要么把控全局，要么是执行者。假如有人没有将自己的角色扮演到位，那整个销售工作就会陷入僵局。没过多久，格兰尼的销售部门就投入了战斗。在他掌局的头 9 个月，公司的销售队伍壮大到30 人，业绩胜出率也从 40% 出头上升到 80% 多。

他把销售比作踢足球，因此总是密切关注时钟和计分板。他的这种紧迫感，这种对但凡影响工作进度的员工的毫不姑息，使得他和自己的队员矛盾频发。早些时候，为了跟进我们的一个技术概念验证测试（POC），他去了孟菲斯市的联邦快递公司。我们在对方那里安装了软件，要证明这个软件确实像宣传手册所说的那样能管理好所有服务器。受不同网络设备类型、服务器以及软件的影响，概念验证测试过程复杂且充满压力。齐普·斯塔基是当时这一环节的负责人，格兰尼问他销售代表迈克怎么没来，齐普告诉他，"他从不到这种场合来"。格兰尼当时就拨通了迈克的电话。

格兰尼：迈克，今天有没有好好锻炼一下？
迈克：有啊，我刚跑完 5 英里[①]。

———————
① 　1 英里 ≈ 1.6 千米。

格兰尼：太好了！接下来你会有大把的时间去锻炼，因为你被解雇了！

格兰尼任职两个月之后，我接到了赛·罗恩的电话。罗恩是公司的董事会成员，负责我们的管理委员会，还协助建立了公司的举报体系。赛是法律界权威人士，曾经担任过证券交易委员会的法律总顾问。

赛：本，我收到一封举报信，这事儿有点麻烦。

本：（大吃一惊）信里说什么了？

赛：信里写道，"尊敬的罗恩先生，鉴于您在 Opsware 举报体制中的立场，我特此致信。近日，我参加了贵公司组织的面试，其间的经历使我必须对您直言。在整个面试过程中，Opsware 的所有员工都表现出了极高的职业素养，举止得体，彬彬有礼。只有马克·格兰尼是个例外。我在从业经历中还未曾遇见过像他这样不专业、没教养的人。我恳请您即刻解雇格兰尼先生。诚挚的……（为保密起见，此处略去写信人姓名）"。

本：他没说究竟发生了什么？

赛：没有，信里就写了这么多。

本：你觉得我该怎么办？

赛：必须调查。之后我们再做决定。

我找来了人力资源部门的主管沙侬·希尔茨。和许多搞人事工作的人不同，沙侬很少参与办公室政治。她的行事风格像个忍者，话不多，但目标精准。我说："沙侬，我想让你查一查马克，但尽量不要引起他的怀疑。除非必要，否则不要惊动他。"她答道："明白。"

三天过后，沙侬向我汇报调查结果。她找当时的相关人员一一谈过话，包括那个所谓的受害人。她的高明之处在于，包括格兰尼在内，没有人知道她是在调查此事。我说，"把好的坏的统统说出来吧，什么都别隐瞒"。她答道，"好消息是，所有人的说法都是一致的，所以我根本不必去找格兰尼核实情况"。我吃了一惊。据我所知，但凡调查，不可能众口一词，众说纷纭倒是肯定的。我让她细说究竟。

应聘者曾做过内部销售代表，但一直没干过外部销售代表（在软件企业中，外部销售代表的职位更高）。他先是接受了其他一些人的询问，然后就轮到了格兰尼。5分钟过后，格兰尼说，"好了，就到这里"。之后，在对方还没走出格子间时，马克就把他的简历揉成一团扔进了垃圾桶。对方还没走远，他又伸出脑袋对人事经理吼道："怎么把这么个低能浑球儿打发到我这儿了？"

我迟疑了。我一直想要打造一种积极竞争的企业文化，难道是我太急功近利了？也许是。可现在是决战时刻，我们得像猎豹一样敏捷狠辣。我给赛致电，想听听他的建议。听完后他说："太过分了。"我问："要解雇他吗？"他说："不，不。但也许你得和他谈一谈，然后给他安排一间隔音的办公室。"

过去，我们借鉴英特尔公司的早期经验，推行人人平等的企业文化：

所有员工，包括我在内，都在格子间办公。眼下，我听从赛的建议，和格兰尼坐下来聊了聊整件事，告诉他这样下去对公司、对他都没有好处。他也同意我的看法，可就是本性难移。为此，我打破了原有的规则，专门给他安排了一个独立办公室，这样一来，即使他口无遮拦——肯定免不了——也至少不会被人听见。在以生存为主要目标的关键阶段，人人平等的文化价值观只能退居二线。

聘用格兰尼之初，公司市值在 5 000 万美元左右，4 年后，公司被以 16.5 亿美元的价格出售给惠普，成交价几乎是 BladeLogic 公司转让价的两倍。格兰尼这个另类人才的加盟给公司带来了无可估量的巨大回报。

卢维都尔将法国和西班牙白人士兵纳入他的奴隶军团后士兵们有何感想，我们无从得知，但有一点可以肯定，双方关系曾一度剑拔弩张。吸纳外部人才有可能会使内部人员产生极度不适，这是文化变革的必经一环。

做决策时要分清主次

1985 年，24 岁的里德·哈斯廷斯还只是一个痴迷于计算机的高中数学老师。为了找机会圆梦，他在一家名叫 Symbolics 的电脑公司干起了送咖啡的营生。

Symbolics 拥有全球首个注册域名 Symbolics.com，推出过编程语言 LISP。比起 C 语言，LISP 更简洁，更易操作。这在一定程度上是因为 LISP 语言能够使编程人员免于考虑计算机的存储分配——这在当时极其耗时，而 LISP 可自动实现。为了推广 LISP，Symbolics 只得研发专门的硬件。哈斯廷斯在平日不忙于派送咖啡的间隙，也会学着给 Symbolics 的机器编程。

后来，他在斯坦福大学攻读计算机科学硕士学位时，又不得不调转头去重新使用 C 语言。沮丧之余，他开始研究如何更巧妙地进行存储分配，以便能改进 LISP 语言，并最终长期使用它。就在这期间，他发现了能够大大降低 C 语言调试难度的办法。

当时，"内存泄漏"是最让人恼火的软件缺陷。当程序中已动态分配的堆内存由于某种原因程序未释放或无法释放时，内存泄漏就会发生。它仅会在用户选择了随机而未知的路径时发生，因此很难被修复，一旦发生，系统就会瘫痪。

哈斯廷斯在实验室里找到了检查内存泄露的办法，之后在 1991 年成立了 Pure Software 公司，将其成果推向市场。名叫 Purify 的这款产品极大地改进了软件开发过程，成了市场的新宠。

只不过，在公司发展壮大的过程中，他从来没有对管理工作和文化建设多做思考，员工士气低迷，以致他曾恳请董事会换掉自己这个 CEO（被拒绝了）。每当遭遇文化方面的问题，公司管理层都会积极采取措施弥补修正，就好像为了将半导体产量最大化而积极采取措施一样。通过制定大量规则来修正人们的行为——以摒弃错误而非鼓励思想自由和探索创新为目标——会扼杀创造力，这是它最大的副作用。哈斯廷斯决意不再犯此类错误。

1995 年，Pure 公司正式上市。1997 年，它以 5 亿美元的价格被转让给了 Rational Software。依靠这笔收益，哈斯廷斯创办了网飞。

电脑天才为什么要开一家媒体公司？

在斯坦福大学念书时，哈斯廷斯上过一门课，课程要求是算出某个计算机网络的带宽。这个网络被比喻成一辆旅行车，满载装有备份盘的行李箱，轰隆隆地驶过田间地头。这个生动的比喻促使他开始用一种新的视角看待网络。

1997 年，哈斯廷斯从朋友那里看到了一张早期的 DVD 光碟。当时他心想，我的天哪！这不就像台旅行车吗？这一发现使他开始动手打造他理想中的高延迟、高带宽的计算机网络，这个网络能够以价值仅 32 美分的一枚邮票传输 5GB 的数据。换句话说，他开创的公司可以通过邮政网络来提供电影 DVD 的租赁服务。

他很清楚，这项服务最终会走向低延迟、高带宽，其内容会遍及全网。正因为如此，他给公司取名为网飞，而不是 DVD 邮递公司。但是在 1997 年，互联网还远不能实现这一目标。网络呈现的视频画质不稳定，图像太小，基本无法观看。

就这样，网飞干起了 DVD 邮寄业务，与 Blockbuster 和沃尔玛成了竞争对手。2005 年，哈斯廷斯与他的团队首度见识了 YouTube 网站。尽管视频质量尚不理想，但用户可以从一长串菜单中选择影片，单击鼠标后就可直接观看。

两年后，网飞推出了它的流媒体业务。哈斯廷斯后来意识到，推出新业务并不难，因为几乎所有公司都有能力做成这件事，它只是商业基本功。真正的挑战是，涉足新领域后，是否能成功地将它打造成一个全新的商业类型。几乎没有公司做到过。网飞的客户满意度极高，利润丰厚，这一切得益于它的 DVD 邮寄业务。

2010 年，哈斯廷斯感觉自己已经积蓄足够多的流媒体资源，足以在加拿大做一个试点——DVD 邮寄业务尚未在那儿开展。不出三天，公司就签下了原本以为需要三个月才能吸引到的流媒体订阅用户。流媒体时代似乎已经到来。但是，哈斯廷斯该如何以流媒体业务为核心，实现向国际企业转型的这一次跨越？很显然，他首先要做的，就是将流媒体业务和 DVD 邮寄业务打包出售。但接下来呢？他向自己的团队提出了这个严峻的问题。可每当他试图带领大家勇敢描绘发展蓝图时，他们之间的谈话总会绕回原点——如何优化 DVD 邮寄业务。

为了彰显自己的主次观，哈斯廷斯做出了一个艰难的决定。他将负责 DVD 业务的管理人员统统从每周管理例会上请了出去。"这是经营公司过程中最痛苦的时刻之一，"他后来这样说，"我爱他们，曾和他们一起打拼，而他们也一直手握公司的命脉。但是，在涉及流媒体业务的讨论中，他们没有发挥更多的作用。"哈斯廷斯一直在密切关注那些能够直

接被网飞接管的流媒体公司。他很清楚，这些竞争敌手绝不会允许 DVD
业务的管理人员出席会议。网飞既然想成为它们那样的公司，就没有必
要勉强留下这些人。

在管理学书籍中，你很难找到此类建议：将功勋赫赫的优秀团队从
核心会议上踢出局，以此奖励他们为公司收益做出的贡献。但哈斯廷斯
深知，将企业文化引领至正确方向，是凌驾于所有要务之上的当务
之急。之前的经营依靠内容和物流，之后的经营依靠内容和技术，他要
做的，就是完成新旧经营重心的转移。这一转移会对工作时长以及补偿
策略等方面面产生影响。但假如他没能完成那次转型，那网飞如今也
必会步 Blockbuster 的后尘——后者在 2010 年宣告破产。

卢维都尔深知，向人们口头强调农业的重要性毫无意义，他必须采
取一些激进的措施来证明农业生产是头等大事——要让所有人都牢记这
一点。他宽恕了奴隶主，让他们继续保有土地。其用意一目了然。同样，
哈斯廷斯不能仅仅在口头上强调流媒体的重要性，他得采取实际行动。

网飞因此举获得的发展有目共睹。2010 年，它还是媒体大鳄们取笑
的对象。时代华纳 CEO 杰弗里·比克斯曾这样评价："打个比方，一支阿
尔巴尼亚军队要统治全世界，这可能吗？我看悬。"而时至今日，凭借超
过 1 500 亿美元的市值，网飞已经远超时代华纳。后者被美国电话电报公
司（AT&T）收购时，成交价差不多仅是网飞市值的一半。

言行一致

在 2016 年的美国总统竞选中，频频爆出令人咋舌的候选人内幕。据媒体透露，唐纳德·特朗普曾多次陷入破产危机，苛待员工，在接受电视栏目《走进好莱坞》采访时，还曾发表过充满"厌女"倾向的刻薄言论。但对于大选终局产生致命影响的，是希拉里的电邮泄密事件。该项指控带来的后果是真实可见的，在共和党全国代表大会上，反对希拉里的呼声在一片"把她关起来"的声音中达到了顶峰——人们指控她犯下了间谍罪和其他罪行。她的行为是否触犯了法律暂且不提，但对其政治生涯造成的消极影响是毋庸置疑的。

据称，希拉里在担任美国国务卿期间，使用了个人邮箱而非政府邮箱收发邮件。她的对手认定她以此途径将绝密文件泄露给了美国的敌人。希拉里的朋友以及她本人都声称这样做只是出于便捷的考虑。毕竟，在约翰·克里之前，还没有哪一任国务卿使用过政府邮箱。科林·鲍威尔注册的就是"美国在线"的邮箱。

但凡需要在多个移动设备上使用多个邮箱账户的人都能理解希拉里的做法。经过调查，FBI（美国联邦调查局）接受了希拉里的解释，她坚称自己未曾在公共服务器上收发过保密文件，但"邮件门"事件并未就此结束。

随着大选进入白热化阶段，又发生了黑客侵入希拉里竞选团队负责人约翰·波德斯塔的邮箱账户的风波。据说黑客窃取了大量绝密的民主党往来邮件。可以断定，此次事件以及由此而逐步显现的后续影响，为唐纳德·特朗普的最终获胜又添了一把火。黑客的这一政治把戏是如何得逞的？这仅仅是一次普通的黑客入侵吗？

CyberScoop 是一家聚焦于网络安全的新闻机构，它的报道这样写道：

> 波德斯塔遭遇黑客攻击，其原因并非是他的邮箱密码安全级别过低，而是他点开了一封钓鱼邮件。邮件提醒他有黑客入侵。利用人们的紧张心理来发起入侵，这是黑客们惯用的伎俩。制造出你已被黑客攻击的假象，进而让你不假思索地点击恶意链接，这在黑客圈子里是再常见不过的把戏。

也就是说，导致波德斯塔邮箱被入侵的其实是最简单、最普通的手段——发一封邮件，提醒你应出于安全考虑点击链接。任何一个对于网络安全有着基本常识的人都知道，网络安全的头条法则就是：绝不点击未知链接并输入密码。合法机构不会提出这样的要求。既然如此，波德斯塔为什么还会中招？

官方版本是这样说的：波德斯塔将这封可疑邮件交给团队中的网络技术人员鉴别，技术人员告诉团队中的竞选副手查尔斯·德拉文，说这是一封钓鱼邮件。而德拉文在告知波德斯塔时，将内容错打成"邮件安全，需要立即修改密码"。这个解释可信吗？就好比在自杀求助热线的聊天过程中，接线员输错了信息，建议濒临绝境的求助者就着龙舌兰酒吞下一整瓶安眠药。

整件事的责任被推到了一个低级别的副手身上。媒体不会对他大加指责，民主党也不会。这个故事是否真实并不重要，重要的是黑客侵入了波德斯塔的邮箱，而被窃取的邮件又涉及一些令人难堪并且危害性会随时间递增的小事件，比如，竞选团队的工作人员一直都能提前知道辩论中会遇到何种提问；他们曾从司法部打探到有关"邮件门"事件的不实信息；对于围绕 2012 年发生的"班加西事件"召开的听证会，他们以玩笑态度视之；诸如此类。

在记录大选历程的回忆录中，希拉里承认，她的个人邮件使用不当引发的局面——距离大选仅 10 天时，FBI 时任局长詹姆斯·科米在递交给国会的报告中，以极具煽动性的措辞描述了整件事——因波德斯塔遭黑客攻击一事进一步恶化。"科米的报告和黑客的攻击联手将我们推入了万劫不复的境地。"

竞选团队为什么会如此疏忽大意？

不管你是希拉里的支持者（比如我）还是反对者，你都不得不承认她作为一名管理者的丰富经验和出众才能。她向竞选团队的所有人员提出过明确要求，绝不能视安全问题为儿戏。2015 年 3 月底，FBI 探员还专门向她的竞选团队管理者发出过警告，称国外政权有可能向他们发起网络欺诈。他们要求所有人给自己的电邮账户设置双重认证，而且对整个团队进行了反钓鱼培训。假如波德斯塔做到了以上两条中的任意一条，那他一定会免于此劫。这两条措施双管齐下，起到的防护作用也将是双重的。

遗憾的是，整个计划有一个疏漏。工作人员仅被要求在工作邮箱中使用双重认证。波德斯塔遭攻击的是他的私人邮箱。如此看来，哪些事情会让波德斯塔以为，他能够通过私人邮箱来收发事关竞选大事的高度机密的邮件？重点来了。

希拉里从没对波德斯塔说，"不用把电邮安全太当回事"。她也绝不会这么说。但行胜于言，她自己的所作所为已经说明一切。竞选团队采取了防范黑客的一切必要措施，但这不是关键，关键在于波德斯塔有样学样，他效仿了希拉里的行为，而非遵从她的口头指令。口头指令说，"保护好你的邮箱"。实际行为却是，"便捷最重要"。后者往往能占据上风，而这也正是文化的运作方式。

面对这个致命错误，希拉里难辞其咎，但在向她发难之前，请记住一点，任何一个领导者都会做出令她事后懊恼不已的决定。没有人能做到无可挑剔。而且，人们会将网络安全看作一个孤立问题，就像制订工资计划一样，认为它与广义的文化没有关联。这样的错误认识极其普遍且不难理解。事实上，决定一个企业成与败的最重要因素，比如产品质量、产品设计、财务制度、客户服务等，都是企业文化的产物。

当你已经做出有违企业文化的举动时，最佳的补救办法就是承认自己做得不对，然后用坚定的态度去纠正它。认错和自我纠错的过程应该尽可能让大家都看到，态度应尽可能诚恳，以便将早先的错误做法从人们的印象中彻底清除，并借此总结经验教训。

希拉里似乎从未考虑过认错和自我纠错。美国政坛严格奉行这样一条准则：永远不要承认你错了（大多数政客很难让人产生由衷的敬意，这条准则也许是原因之一）。在回忆录中，她接受了有关她疏忽大意的指责，但对于其他责任一推了之：一个低级错误最终演变成一桩决定竞选结果且造成毁灭性影响的丑闻，这得多谢党派机会主义以及机构间的争权夺利，多谢 FBI 局长的轻率之举，多谢我自己不能用通俗易懂的语言将一团乱麻的状况解释清楚，还得多谢各大媒体，它们几乎在用全部的篇幅告诉选民，这才是总统竞选中的头等大事。

接着，她又提到了波德斯塔邮箱遭入侵一事。"这一切与我担任国务卿期间使用私人邮箱一事毫无干系，但是很多选民喜欢把它们联系在一起。"从希拉里的立场来看，这两桩电子邮件引发的麻烦事互不相干。但在我看来，它们之间高度相关。当然，就算希拉里重视电子邮件的安全事宜，民主党的邮件依然有可能遭遇黑客攻击，但重点在于，她是领导者，领导者的无心之举会对文化标准产生重要影响。

言行一致，这也许是我们最难掌握的技能。没有人百分之百言行一致，卢维都尔也一样。为了动员奴隶参加革命，他告诉对方自己是奉法国国王路易十六之命，但事实并非如此。可是，若非这样的谎言，革命也许根本就不会爆发。为了秉持文化标准而让革命陷入风险，值得吗？意义何在？也许他最终会因此举让自己和同伴沦为被宰的羔羊，换来的唯一宽慰是，他百分之百地遵守了既定的文化标准。

在 LoudCloud 担任 CEO 时，我曾努力构建一种公开透明的企业文化，大家会在一起讨论所有重要事宜。这样做有助于营造一种更为广义的当家做主的感觉，而且也使更多人参与重大事项的决策。

但是，在 2000 年互联网泡沫破裂之后，人们对创业公司丧失了信心，LoudCloud 一夜之间被推向了破产的边缘。我险中求胜，打算带领大家向资本需求量更小、更易存活下去的软件企业转型。我没有向任何人透露这个计划。为什么？因为一旦走漏风声，不光我们当时的业务会即刻瓦解，就连预计启动的新业务也会受阻。后来，我转让了 LoudCloud，将公司其余人员重做安排，成立了 Opsware。那一刻，真相大白于天下，企业文化受到重创。员工对我的信任大幅度降低。我暂时违背了原有的企业文化准则，没能信守共谋大计的原则。但为了挽救公司，一切都值得。

事后的文化重建并不轻松。我的对策是，坦然承认自己过去犯下的所有过错，然后在我所能承担的范围内，在最能给人们留下深刻印象的场合，重新确立新的公开透明的企业文化标准。我安排了一个全员参与的集体活动，地点选在了加利福尼亚州的圣克鲁兹，订了一家汽车旅馆，名叫"梦之旅酒店"。我特意安排每两人住一间房，表面看来好像是为了节省开支，但真正的原因是，在硅谷，从来没有哪一家技术公司的员工会在出差时两人共住一间房，而我要的就是这个，我要让所有人记住这次活动的每个细节（这算是搬起石头砸了自己的脚，因为我最终和财务总监住在一间房，他的呼噜声震天响）。

我告诉大家，刚到酒店的头一天下午和晚上我们不工作，要用这段时间来了解彼此。对于一家有着三年半经营历史的公司来说，这个环节好像有些多余。但我的用意，是让大家再次感受到彼此带给对方的温暖和惬意，这是一个艰巨的任务。

次日，我在大会上率先开口："没错，我就是那个曾经带领公司走进死胡同的人。但你们依然应该信任我，为什么？"接着，我请我的管理团队详细介绍了企业的方方面面，包括财务状况——这是重点，详细到我们在银行的每一分存款和每一笔债务——全部的产品和经营战略。在经历一个必要的、有所隐瞒的阶段后，我们再一次做到了百分之百的公开透明。

　　大部分时间，这样的公开透明是一以贯之的。在参与此次集体活动的 71 人中，有 67 人一直在公司效力，直到 5 年后公司被惠普收购。在公司生死存亡的关键时刻，我的确没能做到言行一致，但幸运的是，我既没跌倒，也没爬不起来。

让道德标准清晰起来

因其屡遭诟病的企业文化，优步备受瞩目。如果我告诉你，优步前 CEO 特拉维斯·卡兰尼克也曾满怀壮志地打造企业文化并且一丝不苟地将其落实到机构内部时，你会意外吗？优步的企业文化的确如卡兰尼克所希望的那样，发挥了应有的作用，只不过，它存在严重的先天缺陷。

卡兰尼克在 2009 年创建优步之后，立下了以下这些极具原创性的企业文化口号，它们被自信十足的优步员工四处颂扬：

1. 优步的伟大使命

2. 为城市喝彩

3. 树立精英意识，不惜任何代价

4. 坚守原则应对冲突

5. 以赢为目标：保持冠军式思维

6. 分工明确

7. 调动创意，迅速行动

8. 用户至上

9. 大胆尝试，勇于冒险

10. 创造奇迹

11. 做主人，不做过客

12. 做自己

13. 保持乐观的领导心态

14. 能力为先

卡兰尼克还总结了 8 种员工素养：

1. 视野开阔

2. 关注质量

3. 敢于创新

4. 勇猛强悍

5. 执行力强

6. 协作能力

7. 善于交流

8. 干劲十足

以上这些不是你从普通管理书籍中读到的那些千篇一律的指南，也不是你在以凝心聚力为目标的集体活动中隐约感受到的雄心壮志，而是一个领导者为实现心中愿景而明确设立的行为标准。

他带着这样的美好愿景构建优步公司的文化，那究竟是哪个环节出了错？在若干原则中，我们能隐约发现一条一以贯之的原则：竞争。这就是问题所在。卡兰尼克是这个世界上最富竞争心的人群中的一员，所以他将这种精神渗透进了企业。这种方式的确奏效了。2016 年，公司市值达到 660 亿美元。

　　新员工入职时，都要接受为期三天的岗前培训。第一课的讨论内容是这样的：一家竞争对手即将在 4 周后推出一项新业务——拼车服务，优步暂时没有类似业务，无法在这一领域占得先机，公司该怎么做？优步的标准答案是，"临时凑合一个替代品，假装我们已经做好充分的竞争准备，以此赶走对手"。当优步听说来福车即将问世时，它的确就这么干了（我所在的安德森·霍洛维茨风险投资公司给来福车投了一笔钱，而我也是那家公司的董事会成员，所以很清楚它们之间的关系。当然，我的立场一目了然）。包括法律团队在内，任何提出要从长计议、稳扎稳打的员工，任何认为要不惜时间打造过硬产品的员工，都被告知"这不符合优步的风格"。其潜在的信息是，假如要在正直和胜利二者间做出选择，那么优步员工为了胜利可以不择手段。

　　当优步遇上中国市场的同行对手滴滴出行时，这样的竞争问题同样出现了。为了对战优步，滴滴出行采取了一些行动。优步中国分公司很快做出了回应，用相同的手段回击。此后，优步通过一个名叫"地狱"的程序把伪造的用户信息植入来福车的应用程序，同时从对方那里截取了优步所需的驾驶人信息。是卡兰尼克授意他的下属这么做的吗？哪些做法说好听点是违背了竞争原则，说难听点是违背了法律？很难下结论。他原本可以不这样，问题在于，他已经在企业文化中埋下了引发如今错误竞争方式的祸根。

　　Alphabet 的子公司谷歌是优步的主要投资人。Alphabet 的法律部门兼企业发展部门总监大卫·德拉蒙德是优步的董事会成员。置上述事实于不顾，在听说 Alphabet 旗下主营自动驾驶业务的 Waymo 正在研发共享乘车软件时，优步为了推进属于自己的自动驾驶系统，开始极尽所能地从 Waymo 招揽工程师。卡兰尼克甚至还买下了从 Waymo 中分拆出去的 Otto，据说 Otto 涉嫌侵犯 Waymo 的知识产权。优步负责人究竟知不知道 Otto 手中的 IP（知识产权）来路不正？我不敢断言，但即便他们真的这么做了也不稀奇，因为这种行为和优步的企业文化一脉相承。

2015 年，苏珊·富勒进入公司担任网站可靠性工程师。由此开始，优步企业文化的弊端逐渐暴露在世人面前。富勒本科学的是物理专业，曾出版过一本有关微服务的书，是个才华横溢、乐观开朗的姑娘。但是，在优步公司接受完培训后，她很快就体验到了公司文化的阴暗面。她后来在博客上曝光了自己的经历，也正是这一举动，撼动了优步的根基：

> 经过几周的培训，我选择加入与自己专业相吻合的团队。就是在这个团队中，我发现事情有些不对劲儿。第一天交接班时，我的新上司就在工作平台上和我聊起了他的私生活。他说他正处在一段开放式恋情中，他的女友很容易就能找到新伴侣，可他不行。他说他尽力避免在工作场合惹出麻烦，但又总是难以如愿，因为他还是想找个女人跟他上床。很显然，他想和我上床。这太不正常了，所以我立即将聊天信息截屏保存，然后向人力资源部门负责人投诉了他。
>
> 当时的优步已经有相当大的规模，而我也抱着相当大的

期待，相信他们会按规矩处理此类状况。我以为，只要递交投诉，人事部门就会给出一个合理的解答，然后生活会照常进行。可不幸的是，事情的发展大大出乎我的预料。我反映情况后，人事部门经理和公司高层告诉我，即便他真的是在性骚扰，真的是在调戏我，那也是初犯。所以他们认为除了警告谈话之外，不宜采取其他措施。公司高层说，他是一个"表现优秀的员工"（也就是说，他的上司对他给予了高度评价），如果因为这样一个无心之失而惩罚他，他们觉得不合情理。

根据联邦法律，企业在收到事关性骚扰的投诉时（无论何种类型，甚至都不需要像富勒那样留下文字证据），必须开展正式调查。熟知这条法律是人事部门专业人员的基本素养，就像了解企业财务状况是财会人员的基本素养一样。那么，优步的这位人事部门专员为何会明知故犯、触碰底线？因为在他眼中，处罚一名业务出众的经理不符合"竞争原则"。

站在卡兰尼克的立场，他绝不可能任由人事部门对这样一桩投诉置若罔闻，尤其它还事关一位颇有前途的工程师。这样的企业文化绝不符合他最初的构想。他的文化标准中没有哪一条明文规定中层经理可以骚扰自己的员工，也没有哪一条包含类似的暗示。事实上，据所有人反映，卡兰尼克为此大为光火，他认为一个女性员工不该因工作表现之外的事情受到关注。无疑，这与"能力为先"原则背道而驰。不知何故，他的企业文化引发了一种奇怪的反作用力。

这种反作用力的影响持续显现着。优步印度分公司的一名驾驶员涉嫌强奸乘客的事件曝光后，总公司高层怀疑是印度的竞争对手 Ola 买通乘客伪造了强奸案。艾瑞克·亚历山大是优步的一名高管，为了证明所疑不虚，他居然想方设法搞到了受害人的伤检报告。风声走漏之后，外界哗然。优步公司是不是买通了印度的官员才搞到这份伤检报告？究竟发生了什么？

事态平息后，就连董事会成员也将矛头指向了卡兰尼克。他们没有料到，商场竟然变成了赌场。董事会一直以来是否知道"调动创意、迅速行动"这样的企业文化？肯定知道。那他们是否清楚这样的标准意味着什么？如果不清楚，那就太疏忽大意了。我怀疑他们是否真的是疏忽大意。过去那些年里，无数桩事件都表明，假如有什么阻挡了优步公司的竞争之路，那它一定会不择手段地将其铲除。

对于卡兰尼克打造的这种急功近利的文化，董事会是否有过不满？没有。相反，他们乐得如此，只要卡兰尼克能为公司带来数以亿计的滚滚红利。他们只在卡兰尼克被抓现行时才感到不满，也就是说，只有在企业文化的弊端再也遮掩不住时，他们才会愤怒。

在卡兰尼克看来，他已经向董事会清晰无误地说明了自己的工作重心，董事会也认可，并且公司已照此思路运营多年。他曾公开表示优步的运营方式令他自豪。作为硅谷最具竞争力的公司之一，他深感骄傲。他曾经坚信，可能目前还依然相信，他一直以来的做法都是正确的。没人能说是因为他做过的某个决策助长了手下人的气焰，使他们敢于去性骚扰，敢于去贿赂官员，搞到强奸案受害人的伤检报告，或者敢于冒着触犯法律的风险去行其他越界之事。

文化的本质正在于此。它不是单一的某个决策，而是一套行为准则，会渗透在无数个事件中，随时间缓慢释放威力。没有人会亲历所有事件，文化建构就是为了将一个企业所能遇到的所有事件都设计进来。但就像电脑程序都有漏洞一样，任何一种文化都有缺陷。可是，修复文化的缺陷远比清除程序的病毒难得多。

卡兰尼克当初并不想打造一个不守道德规范的企业，只不过是想赢的心态占了上风。但正因为如此，他的文化体系才出现了裂痕。

你看重什么，就会把什么作为准绳。一旦你无视基本的规则，那就等于将道德伦理从企业文化中抽离了出去。

我们很难设计出万无一失的文化。但必须要注意的是，那些会导致道德沦丧的文化缺陷往往是最危险的。正因为如此，卢维都尔才明确强调了道德伦理的重要性。为了规避因文化缺陷带来的道德沦丧，最好的办法就是将企业中禁止出现的行为一一列出来。

卢维都尔曾对他的士兵们这样说："不要让我失望……不要因为对战利品的渴望而忘记了自己的立场……等我们将敌人赶出这座岛屿，你们会有足够多的时间考虑物质上的东西。"想想看，这些话听起来是多么奇怪。和优步公司一样，卢维都尔的最高目标也是赢。假如他没有赢得革命胜利，那奴隶制的废除将无从谈起。还有什么能比这一点更重要呢？既然手下士兵乐于去赢去掠夺，为什么还要制止？

他是这样解释的，"我们在为自由而战，它是这世上最宝贵的东西，永远也不会消亡"。在讲道理时，你得说明原因。为什么不能掠夺？因为掠夺之举与真正的目标相违背，真正的目标不是赢，而是获得自由。换言之，假如你用错误的方式赢得了胜利，那你又得到了什么呢？如果你是通过剥夺旁人自由的方式赢得了战争，那如何能建立一个自由的社会？假如你不能建立一个自由的社会，那又何必要战斗？卢维都尔把奴隶军团中这些没有文化的士兵当成哲学家，对他们做了一番充满哲思的教育，而这些士兵也经受住了考验。

在董事会的施压下，卡兰尼克被迫辞职，新上任的 CEO 达拉·科斯罗萨西很快调整了文化战略，用以下这些新标准取代了过去那一套：

1. 放眼全球，扎根本土
2. 用户至上
3. 鼓励差异
4. 秉持主人翁精神
5. 坚持不懈
6. 不看级别，只看能力
7. 大胆尝试
8. 做正确的事，仅此而已

关键是最后这一条，"做正确的事，仅此而已"。

卡兰尼克的那套标准虽然有特点，但容易引出麻烦。新的这套标准虽然平常，但更安全稳妥。

我们再来看看新标准中事关道德伦理的这一条"做正确的事，仅此而已"。科斯罗萨西显然是一个极具领导力的 CEO，他很可能对于文化建构有着一个全盘计划。但是，当我们把他的主张拿来和卢维都尔的做对比时，会发现二者在精准性上有明显的差距。

究竟何谓"做正确的事"？

"做正确的事"究竟是指以赢利为最高目标，还是指以讲真话为最高目标？是指听从自己的判断，还是指遵从法律的约束？是否意味着可以因道德需要而放弃一些利益？脸书聘用的员工，是否会和甲骨文聘用的员工对"做正确的事"抱有不一样的定义？

卢维都尔对于"做正确的事"给出了非常明确的定义：不掠夺，不背叛妻子，对自己负责，勤勉努力，遵守社会道德，推广公共教育，秉持宗教宽容态度，开展自由贸易，培养公民自豪感，维护种族平等。他的指令很具体，充满力量，且具有可持续性。

此外，公司领导还应该利用一切机会来强调文化价值观背后的"为什么"。这一点至关重要。人们往往能够记住"为什么"，至于"是什么"则仅仅是你需要做的一大堆事中的一件。优步公司规定大家要"做正确的事"，只说了"是什么"，却没说"为什么"，大好机会就这样错失。

最后一点，"做正确的事"这一提法让事情看起来很简单，从而也让事情显得无足轻重，但道德问题绝不是简单的问题。也正因为如此，卢维都尔才会用对待哲学家的方式去和他的奴隶军团对话。他需要这些人知道，一切选择都要建立在深刻思考的基础之上。

请记住一点，道德之事必会涉及艰难抉择。你是否会向投资商编织一些善意的谎言？是否会裁撤公司 1/3 的员工？你是否被竞争对手搞得下不来台？是否欺骗过顾客？是否拒绝了某人的加薪申请？是否让你的公司做过一些不那么正大光明的事？

无论这些状况多么艰难，比起在战争中给一支奴隶军团树立道德规范，都不算什么。

03
武士之道

我一身是胆，打得他落荒而逃，
声名狼藉先生无人能挡，
我已做好赴死的准备。

——声名狼藉先生

古代日本的武士阶层严格奉行"武士道精神"。1186—1868年近700年的时间里，他们一直牢牢掌握着日本社会的命脉。即便在统治终结后，武士一族的思想信念仍然余威长存。可以说，武士思想是日本文化的根。

武士道中的一些教义源于神道教、佛教和儒家文化，有着长达数千年的历史，如今看来部分内容已经过时。武士一族的文化之所以能源远流长，是因为它提供了一个框架，能够供人们应对各种问题，或解决道德上的两难处境。武士道的教义指令明确，内容连贯，无所不包。可以说，武士一族搭建起了一套360度无死角的文化体系，其用心之良苦值得现代人学习。

文化是行动

武士道看似是一套原则，其实是一种实践活动。武士们将文化界定为一种行为标准，认为文化应当反映德行，而非价值观。价值观代表一种信仰，而德行则是一种你渴望拥有或已然具备的东西。很多公司竭力塑造的"企业价值观"之所以毫无价值，是因为它们关乎信仰，而非行动。就文化而言，你信仰什么说明不了问题，你做了什么才是关键。

武士一族的誓言本身也指向行动：

> 在努力成为勇士的路途上，我绝不会落后于他人。
> 我时刻准备着为领主奉献一切。
> 我将永远尊敬自己的父母。
> 我将心怀悲悯，为他人谋福祉。

日本最有名的武士典籍《叶隐》中有这样一条训诫："一个人的勇气或怯懦无法在寻常时刻被衡量出来，只能通过具体事件进行观察。"

死亡的意义

现代日本文化的显著特点之一是工艺精湛，注重细节。从寿司店到威士忌酒厂，从神户牛肉生产商到汽车制造商，日本人对于质量的要求从未放松过。为了保证质量，他们展现了令人难忘的非凡能力。这种以审慎著称的文化究竟源自何处？

源自死亡。《叶隐》中有一句名言：武士之路要从死亡中寻求。另一部重要典籍《武士道正信》，开篇就提出了一条惊世骇俗的训诫：时刻把死亡放在心中。人生在世，我们可能会将很多事放在心中，而死亡是我们最不愿意想到的那件事。在研究武士道精神之前，我宁愿去看希拉里和特朗普花上 10 个小时较量舞技，也不愿意为死亡一事劳神分秒。

《武士道正信》中对此做了这样的解释：

> 假如你意识到当下的生活也许明日清晨就会消失，那么当你从领主手中接过任务时，当你去父母家中拜望他们时，你会感到这将是最后一次。你会因此付出全部心思去侍奉你的领主，关心你的父母。

文中还专门厘清了歧义。"时刻将死亡放在心中"并不是说你应该坐着等死：

如果你以这种方式面对死亡，那就会忽略对主人的忠诚，忘却对父母的责任，你作为一名职业武士的名誉将会蒙羞。绝不能这样。

你要做的，是无论白天还是黑夜，无论公事还是私事，均认真履行你的职责。当你闲下来，心中没有挂碍时，再去全心全意地思考死亡。

这条训诫是日本文化的根基。人终有一死，在此认识的基础之上，日本人建立起了秉持忠诚、对于细节一丝不苟的文化。在《叶隐》中有这样一段描述：

> 每天清晨，武士们都会在室外认真地沐浴清洁，剃须净面，给头发涂上带香味的发油，剪去指甲，用浮石锉平，再用酢浆草抛光。当然，军用装备肯定是放得整整齐齐，一尘不染，而且还上好了油以免生锈。武士们对于外表的这种过度关注看似无用，但其实是他们做好了随时赴死的准备，所以才会对细节如此关注。如果武士在死亡时蓬头垢面，那他只会因不洁而被敌人耻笑。

一个名叫"弓箭手大师"的战士在他的墙上悬挂了一个牌子以自勉，上面写着"时刻身处战场"。誓死效忠的武士们甚至会在沐浴时随身携带一把木剑，以提醒自己要时刻准备好投身战斗并迎接死神的到来。

你的公司面临的最大威胁莫过于陷入危机，被竞争对手打压，或濒临破产。当身处随时可能被消灭的境地时，你会如何看待手头的任务？请记住一点：假如你已经死去，那就没人能杀死你。假如你已经接受了可能出现的最糟结局，那你就不会再失去什么。《叶隐》建议人们通过血淋淋的细节来接受最糟糕的结局：

> 想象着死亡，以此为高潮，开始你的每一天。每天清晨，宁心静气，在脑海中构想出你生命最后的时刻。想象你被弓箭、长矛、刀剑撕成碎片，被巨浪吞噬，被闪电击中，被大地震震死，坠入炼狱，从几百英尺高的悬崖跌落，被绝症夺去性命，或者意外失足身亡。每天清晨，请务必宁心静气，让自己的心在死神身边游走一趟。

同样，想象你的公司陷入危机，这有助于你朝着正确的方向构建企业文化。你的公司是一个理想的工作场所吗？与你做生意是什么感觉？与你合作过的人是因此飞黄腾达还是事业下滑？你是否为公司产品的质量感到自豪？

现代企业往往会将重心放在一些具体指标上，比如经营目标、预期任务、季度数据等。它们很少去问员工们为什么要坚持上班。是为了钱？钱和时间哪个更有价值？我的导师比尔·坎贝尔曾经说过："我们是为了彼此。你关心和自己并肩打拼的人吗？有多关心？你忍心让他们失望吗？"

不管是为了时刻牢记死亡，还是出于为对方考虑而好好工作，或为了其他类似的想法，能让公司文化拧成一股绳的只有一条：你所做的一切是有意义的。

8 种德行

武士道精神涵盖 8 种德行：公正，勇敢，荣誉，忠诚，仁慈，礼貌，自律，诚挚。每一条都被详细定义过，并且借由一套原则、行为以及故事巩固强化。它们合力形成了一个整体，彼此间相互制衡，这使得任何一条都很难被误解或误用。下面，让我们来聚焦荣誉、礼貌、诚挚这三种德行，来看看它们是如何发挥作用的。

荣誉

武士一族认为，荣誉不会随着肉身的死亡而消失。没有荣誉，其他一切都是虚空。他们将这一信念践行得淋漓尽致，有时甚至到了离谱的地步。有一个故事，说的是一位好心人提醒一名武士后背有跳蚤，结果瞬间被砍成了两半。跳蚤是靠吸吮动物鲜血存活的寄生虫，这个人公然把武士比作动物，在武士眼中，这是不可饶恕的罪过。

有时，当别人在会场上公然质疑我的人格时，我也会产生把对方撕为两半的念头。当然，这在现代社会绝无可能实现。但是，个人名声和荣誉的重要性在你的公司里应该有所体现，并且与你所做的每一件事都有关。那项业务是否达到了你心目中诚实守信的标准？团队的工作表现是否合格？你是否愿意签字认可？假如顾客或竞争对手质疑你的行为，你是否能胸怀坦荡地说自己敢用名誉做担保？

假如你因为无心之失被草率对待，那这种文化就有问题了。所以，文化中应该有一种补偿机制，能够对于你在各种场合中的行为做出约束，以避免意想不到的悲惨结局。

礼貌

这条德行包含一套复杂的规则，对于武士们在不同场合应有何种举动做出了详细的规定，例如，何时该鞠躬，走路和坐立时该保持何种姿势，甚至还包括该如何饮茶。

尽管这些规则看起来有些生硬，但它们源于这样一种信念：礼貌是向他人表达爱与尊重的最佳方式。它不仅强调循规蹈矩，还为人们建立更亲密的关系提供了一个渠道。

《武士道》一书为我们解读了这条规则在现代日本是如何体现的：

> 烈日炎炎，你举步独行，头顶没有一丝阴凉。一个日本人从你身边走过，你们相识，所以你和他打了声招呼。他立刻摘下了帽子——好吧，这也没什么，但有趣的是，与你聊天的过程中，他始终把遮阳伞放在一边，和你一样头顶着烈日。太笨了！——没错，如果不是出于以下考虑，那他的确是够笨的。"你站在烈日下，我于心不忍，我也想与你共撑一把伞，但是它不够大，咱俩也不够熟。既然不能与你同甘，那就不如共苦吧。"

在现代美国社会，我们会在推特上发牢骚，抱怨国人缺乏同理心，继而会困惑为什么同理心日渐远去。文化不是愤怒的叠加，文化是一套具体的行为。在竞争激烈的企业界，礼貌这一美德似乎早被丢弃。事实上，武士一族所遵从的礼仪之道正是以行动为导向，他们通过礼貌的行为举止来表达爱与尊重等抽象的概念，这种态度对我们大有启发。

那么，武士们是如何做到不虚与委蛇的？是如何让人不去假意表示尊重，进而衍生出表里不一的文化的？武士之道此刻再次显现了高明之处：他们将礼貌与诚挚这两种德行结合在一起。他们认为，缺乏诚意的礼貌是惺惺作态，既无形式，也无内涵。

诚挚

武士精神中的诚挚一则深受儒家文化影响。子思说过："诚者，物之终始，不诚无物。"

诚挚这一准则影响极其深远。人们认为，武士一诺千金，完全没有必要担心他们的诚信。这一思想在教养孩子的过程中得到了不断强化。小孩子们都是听着撒谎就会被处死的故事长大的，一言一语均被视为神圣的东西。

以下这篇短文描写的是 17 世纪的武士伊盟彦，文中对于诚挚这种德行做出了很清晰的阐释：

> 当伊盟彦被领主召唤时，他被告知要在誓约上签字画押，以表忠心。"武士的话比金子还要珍贵。一旦我做出了决定，谁都无法改变。"就这样，他无须画押盟誓。

融入实践

2009 年，在创办安德森·霍洛维茨公司时，我很希望能在企业文化中融入这样一种美德：尊重创业者。风投资本家正是依靠创业者才有饭吃，有钱赚。我希望自己的公司文化能体现这一点。但普遍的现状是，当创业者向风投资本家提出投资申请时，后者往往把自己摆在一个主宰别人命运的位置上，其中的很多人会因此盛气凌人。

我吸取了武士道的精髓。首先，我们对德行进行了全方位的定义，不遗余力地一一列出符合德行标准的做法：

我们尊重对方在创业过程中付出的卓绝努力。我们清楚没有创业者，我们就没饭吃。和创业者打交道时，我们会遵守约定的见面时间，会及时给出反馈，就算是坏消息（比如拒绝投资）也会及时告知对方。我们对未来抱有乐观心态，相信创业者们无论成败，都是在助力我们实现一个更美好的前景。因此，我从没有在公开场合指责过任何一个创业者或任何一家新公司（这样冒犯他人无疑会引火烧身）。

这并不意味着我们会任由某个 CEO 一劳永逸地待在他的位子上。我们对公司的前景而非对创始人负责。如果这个创始人不再胜任自己的工作，那他就得从 CEO 的职位上退下来。

然而，人们依然有可能将这条标准误解为"绝不对创业者说不"。鉴于此，我们准备了一个配套标准，作为补充。

我们会实话实说，即使真话伤人。在和创业者、有限公司合伙人、生意伙伴或自己人谈话时，我们总会尽量说真话。我们本着开放和坦诚的心态，毫无保留地陈述事实，表明观点。就算真话难以启齿，我们也宁愿选择坦诚，不想因为避讳真话而引发不良后果。

但是，我们不愿因一些无足轻重的真话伤害他人的感情或触怒他人。在我们看来，讲真话的目的是让他们更好，而非更糟。

为了在公司文化中充分体现这一点，我们不仅强调尊重他人，还强调时间观。假如你在与创业者约好的会谈中迟到，那么每迟到一分钟你就得缴纳 10 美元的罚款。要想不被罚，你就得培养良好的时间观并且付诸行动。公司文化体系中也由此融进了一些关乎良好习惯的元素。你得妥当安排会议流程，以免和接下来与创业者的会晤时间相冲突。你不仅要按时结束会议，还需要按计划完成每一个会议流程，以此保证在规定时间内做完所有工作。不要让中途收到的短信或邮件分散你的注意力。你要对时间精打细算，就连何时去洗手间都得提前计划好。

我们因迟到收到的罚款并不多，不到 1 000 美元，其中多数罚款都发生在该规定刚出台的时期。考虑到可能会被罚款，每个人都会时刻提醒自己要守时，要通过守时向创业者表达自己最基本的尊重。

一些风投资本家以及行业内的其他人员对于这条规则有误解，认为它"对创业者太友好"，这是对我们多年来赖以保持竞争优势的企业文化的极大曲解。"对创业者友好"意味着你会不管对错，无条件地站在创业者一边。这种"德行"对谁都没有益处。事实上，它还会助长谎言。当无视对方的具体表现而盲目做出孰优孰劣的判断时，你实则给公司文化植入了不诚实的因子。

日日践行

在美国，为了让孩子在某一次宴会上保持礼貌，家长们得煞费苦心。而在日本，男女老少都恪守礼仪的传统已经延续了上千年，他们是如何做到的？武士文化会要求所有人研习规则，牢记于心，日日践行，这也许起到了一定作用。但是其他文化也有类似的要求，只是没有延续如此长久。武士文化的源远流长还取决于另外两个因素。第一，他们对可能出现的文化或伦理困境做出了详细的规定，以免人们对某些规则产生误解或误用；第二，他们通过形象生动的故事诠释这些规则。

这套规则有一个显著的特点，那就是充分考虑各种可能发生的情况。还记得优步公司的那句"做正确的事"吗？下面我们来看看《武士道正信》中的几段内容：

> 有三种途径可以使我们行正确之事。
>
> 假设你要和一位熟人外出。他有100盎司①金子，不想随身携带，打算放在你家中，待返回后再取走。于是你将这袋金子藏在家中无人知晓的角落。假设在外出途中这位熟人因为食物中毒或中风意外身亡。没人知道他的金子藏在你的家中，这个时候，你会怎么办？

① 1盎司 ≈ 28 克。

如果你在哀痛之余不假思索地将金子送到他的遗孀手中，那意味着你做了正确的事。

假设金子的主人只是与你认识，算不上你的密友，且没人知道他把金子留在了你的家中，所以不会有人怀疑你。当时你正好手头窘迫，面对天上掉下的馅儿饼，你何不私吞了事？

如果这种念头让你感到羞愧，进而使你改变主意并将金子归还给合适的继承人，那就意味着你在羞耻心的驱使下做了正确的事。

假设你的家人——妻子、孩子或者仆人——知道这件事。假设你出于羞耻心，出于被家中知情人告发的担忧，出于对法律后果的恐惧而将金子归还给合适的继承人，那就意味着你在羞耻心和其他因素的共同作用下做了正确的事。

如果是你，在无人知晓的情况下，你会做何选择？

上述这则故事中，作者没有对"出于正确理由做正确的事"与"出于羞耻心和负罪感做正确的事"进行本质上的区分。做正确的事，这就足够了。这条规则的制定者们很清楚，有些时候，正确的道路会格外艰难，所以他们通过具体的实例说明了问题。

如果你唯一担心的是做出错误之事后会被抓个现行，如果你根本无须担心被抓，你清楚整件事神不知鬼不觉，你与这个人非亲非故，而且你也的确需要这笔钱——在这些情况下，你会做出正确之事吗？最后一种情境尤其让人难下决断。假如你对于此类两难境地下的"正确选择"不做出清晰的界定，那你的员工在遭遇相同境况时也会左右为难。这些两难境况下的抉择往往决定了公司和公司文化的走向。

故事

弘扬"忠诚"的故事有很多，但《叶隐》中的这一则格外形象生动：

在 Chiken Marokashi 一卷中记录了一位领主的家族史。这份家族谱系的重要性在日本堪当第一。有一年，领主家的宅子突遭大火，领主哀叹道："我不可惜房子，也不在乎里面的物品，它们被烧光了还能再建再买。我可惜的是族谱，这份珍贵的遗产我们再也找不回来了。"

一个仆人说："我去把这个宝贝救出来。"领主和其他人都不相信地哈哈大笑。"宅子已经燃起熊熊大火，你怎么去救？"这个仆人平日里不声不响，也从未有过突出的表现，但是他的勤勉却让领主很喜欢他。"我很笨，从未对主人尽过力，但是我时刻准备着为主人献出生命。我相信现在时机已到。"说完，他就一头冲进了烈焰。

大火熄灭后，领主即刻下令："快点找到他，太可惜了！"人们在火灾的余烬中遍寻一番，最后在宅子附近的花园里找到了他烧焦的尸体。当人们将他俯卧在地的身体翻过来时，鲜血从他的腹部涌了出来。原来，他用刀切开了自己的腹部，将族谱放进身体里，用身体保护了它。自此，这份族谱有了另一个名字——"血染的族谱"。

这则故事将"忠诚"一词诠释得淋漓尽致。一个原本不起眼的仆人，过着平淡无奇的生活，但一次英雄事迹却使他成为不朽的传奇。谁会忘记一个为拯救族谱而敢于在自己身上划出一个大口子的人？谁又会忘记他舍命保全的这个东西所得到的那个响当当的名字——"血染的族谱"？

故事和谚语始终在塑造着文化。约翰·莫格里奇在 1988—1995 年担任思科首席执行官，他希望将每一分钱都花在刀刃儿上。但是，他的大部分员工都习惯了开支随意的文化，仅凭提醒他们要厉行节约是远远不够的。为了做到言出必行，莫格里奇自己会在出差时住在红顶屋小舍，但这种表率起到的作用不大。于是，他提出了一个绝妙的倡议："假如你住在酒店房间时看不见自己的车，那就说明房价太高了。"他的高管们听到这话，立刻明白商务舱和高档晚宴以后是不会有了。更微妙但也更重要的是，他们因此明白了一点：公务出行的目的不是享乐，而是服务客户。

我早年在网景通信公司工作，整个公司的运作方式就像一个辩论俱乐部。每个人都希望在各种决策的制定过程中一较高下。假如谁落了下风，他会纠缠不休，重启下一轮辩论。由于没人愿意认输，也不愿意推动议题，我们往往什么事儿也干不成。

吉姆·巴克斯代尔在 1995 年接任 CEO 时，意识到这种企业文化得改改。但如何改？制定一条文化价值观，告诉人们要学会放弃或者坚持？尽管放弃或坚持是一条重要的决策规则（在下文中会提到），但将这种规则植入一个习惯于反其道而行之的文化并不容易。试想一下，在一场激烈的辩论中，听到有人说："让我们投票表决吧。"你可能会回他一句："表决什么？同意我的观点还是你的？"

巴克斯代尔是怎么做的呢？他编出了一个脍炙人口的小故事，在一次员工大会上，他说：

> 我们网景公司有三条规则。
>
> 第一，假如看见一条蛇，不要通知委员会，不要给好友打电话，不要招呼团队伙伴，更不要一起开会，直接干掉它。
>
> 第二，不要返回去逗弄那条死蛇。太多人把时间浪费在已经做出的决定上。
>
> 第三，所有机会乍一看都像危险的蛇。

这个小故事很有趣，用意也很明确，所有人立马就领会了重点。如果有人没听懂，那公司其他人会津津乐道地向他解释。就这样，故事口口相传，公司的面貌也发生了改变。人们意识到杀死蛇远比如何杀死蛇更重要，企业文化中很快开始洋溢出欣欣向荣的活力。公司开展互联网推广业务时，遇到过很多条"蛇"。互联网安全性缺乏保障，我们开发了 SSL（安全套接字协议）。互联网无法保留历史浏览记录，我们开发了cookie（储存在用户本地终端上的数据）。互联网编程难以实现，我们开发了 JavaScript（一种编程语言）。这些办法也许不是最佳对策，但至少它们很快就干掉了"蛇"，而且我们也没有回过头去逗弄那些"死蛇"。时至今日，这些技术依然在互联网领域占据核心地位。

武士道精神为什么会对日本文化产生如此深远的影响？说复杂点，是因为武士一族在漫长岁月中一直在对武士文化精雕细琢，凭借一套洞悉人心的策略将它变得不可或缺，无处不在，却又至情至理。

说简单点，是因为武士一族始终将死亡一事记在心头。

04

另一种武士：

沙卡·森格尔的故事

谁敢动我试试看，
我会要他全家的命。
我谁也不在乎，
去他的吧。

——德吉·鲁夫

沙卡·森格尔没有生长于古代日本，但也许他真应该生在那儿。沉着冷静、极度自律，必要时手段残暴——这样一个人定能在武士文化中如鱼得水。他出生在底特律的内城区，生于斯，长于斯，最终也成了一名武士，只不过是另一种武士。

　　2015年，机缘巧合下我初次见到了森格尔。当时，安德森·霍洛维茨公司刚刚上了OWN（奥普拉·温弗瑞电视网）上的新节目《信念》，之后，我与奥普拉约好要采访她。要知道，采访这样一位优秀的电视主持人何止是让人紧张，简直是令人瑟瑟发抖。那种感觉就好像你要给阿尔伯特·爱因斯坦来一次随堂测试，而测试内容是狭义相对论。我征得奥普拉的同意，与她一起坐车前往采访现场，好让她教教我该如何让被访者敞开心扉，以及该如何不把自己弄得下不来台。

　　在车上，她对我说："你首先要知道一点，别想解决一长串问题，这样你就不能认真倾听，从而会错过最重要的问题，即下一个问题。"很棒的建议，但我之前就清楚这一点。我说："我想知道你是如何在提出一些咄咄逼人的问题后，不但没让他们产生抵触心理，反而还让他们向你敞开心扉甚至失声痛哭的呢？"她回答道：

　　　　是这样，在访谈开始之前，我首先会问问对方接受采访的意图是什么，然后我会告诉他们，"我将帮助你实现这个意图，但前提是你得信任我"。我给你举个例子。上周，在录制《超级灵魂星期天》节目时，我请来了沙卡·森格尔。他刚刚结束19年的牢狱生活，其中7年是被单独监禁，罪名是谋杀。他肌肉发达，留着脏辫，文着文身，看起来像个凶神恶煞。我问他，他的意图是什么。他告诉我，"我想让大家知道，不能凭着一个人曾经做过的最坏的事来对他下定义。人是可以被救赎的"。我说，"明白了，我会帮你达成心愿，但你得信任我"。

录制开始后，我问他："你第一次犯罪时几岁？"他说："我14岁就开始混迹街头了。"我读过他的书，于是接着问他："你9岁时拿着一份满分成绩单回家，你妈妈却把一个陶罐砸向你的头，当时你是什么感觉？"他的身体语言一下子紧张起来，他答道："感觉不太好。"于是我又说："你得信任我。你当时究竟怎么想的？"他说："我当时就觉得，自己做什么都无所谓了。"我说："你不是14岁才开始混迹街头的，你9岁就开始了。"我们两个都哭了起来。

我从没听过这种不可思议的事情，于是一回家就告诉了妻子费里西亚。我可能不该告诉她，因为她既是奥普拉的忠实粉丝，还是名副其实的"最具亲和力小姐"（在休·雷·罗宾逊青年竞赛中，她的确赢得过这一荣誉）。一周后她告诉我，"我在脸书上联系上了沙卡·森格尔，我们已经互加好友了"。我说："你有没有认真听我说？他刚刚从监狱里出来，因为谋杀罪在里面待了19年。你怎么可以和这个人成为好友？"她答道："他正好要到我们这边来，我已经邀请他共进晚餐了。"哦，我的天！

我在约翰·班特雷餐厅订了位子，那离我们家有两个街区。我心想，一旦情况不妙，我们可以溜之大吉。没想到，晚餐时间持续了三个小时，吃完后，我邀请沙卡到我家里，又接着聊了5个钟头。

在如何打造文化以及如何管理机构这两个问题上，他可能是我见过的最具眼光的人。他当过很难管理的组织——狱中团伙——的头目（在监狱里，他的手下以及他们的对手从不把自己的组织看成团伙，他们认为是一种宗教组织，我更愿意称其为小组）。他不仅塑造了强有力的文化，还把整个小组改造成了截然不同的一支队伍。在此过程中，他展现了高超的技巧，这些技巧恰恰也是本书想要呈现给读者的。他塑造了文化，发现了其中的缺陷，继而又进一步完善了它。

我想写森格尔还有另一个原因，那就是，锒铛入狱的那些人往往生长于有缺陷的文化背景，要么被双亲抛弃，要么遭遇家庭暴力，还有的被朋友背叛。他们对诸如信守承诺这样的基本概念无法形成共识。监狱是一个能够让文化接受最严酷检验的地方。要在监狱中建立某种文化，你必须从零开始，从最基本的规则开始。

文化环境

森格尔被判入狱时，他的大多数同龄人都刚刚走进大学。大学文化带来的是校友联谊会上的轻松和愉悦，而监狱文化带给森格尔的是超乎想象的暴力与恐吓。他告诉我，从走进监狱的那一刻起，他就认定自己会永远留在那儿。

19岁进监狱时，我知道自己的服刑期很长，根本想象不到20年后自己会是什么样。我觉得一辈子可能就这样了。我唯一确定的是，刑期是40年。想想60岁才能出去，自己都觉得荒唐。

我先是被送到了县里的监狱。到那儿后遇到了一些状况。首先，里面的犯人会确认一下你是不是他们曾经的敌人。接着，他们会摸清你的底细，看看你有什么可供盘剥的。每一层监房都有一个领头人，也可能是一群人，整层监房都由他们说了算。出了监房，有一个小小的公共空间，那里有卫生间、淋浴室，还有几张桌子。领头人坐在桌子上，看上去就像是寻找猎物的狮子。比起副手和其他手下，领头人更冷静。如果说他像狮子，那他的手下就像是鬣狗。

其中一个领头人问我："你从哪儿来？"这与其说是在提问，不如说是在审判。当我答道"布莱特莫"（当地人的读法，意指底特律某街区布莱特莫尔）时，我赢得了他们的信任。假如我来自郊区，他们就会觉得我赢弱好欺。接着他又问："你是怎么进来的？"我说："杀人。"杀人的罪名远比性侵之类的罪名体面，如果是后者，他们一定会狠狠收拾我。

于是，我暂时安全了。但我也能看出，各种考验将不期而至。假如打篮球时有人喊了一句"把球传给我"，另一个紧接着也喊了这么一句，那你就得做决定，看要不要把球传给某个浑蛋。如果不传，那你就得做好和他打一架的准备。

从街头到拘留所再到监狱，这是完整的老三样。你的个人标签始终伴你左右。街头混混时代的你是不是人们眼中值得尊重的角色？有没有因为小偷小摸而让自己名声蒙羞？掠夺的能量无处不在。你当初可能因为爸妈放在你书本上的几块钱而遭抢，如今也有可能因为身单力薄而遭性侵。

在狱中的第一天就是这样度过的。人们把这里称为角斗士训练场，因为你得在这个地方奠定自己的江湖地位。

被转至州立监狱后，森格尔面临的局面越发极端。

新来的犯人要被隔离两周，以确保他们没有传染病或其他问题。我们被解除隔离出来的时候，看见一个犯人躺在地上，脖子上被捅了一刀。在狱警们看不见的地方，比如后楼梯、娱乐中心——那儿只有一个狱警在看管 300 名犯人，还有通往食堂和法律书籍图书馆的走廊上，会有人遭此厄运。聚在娱乐中心活动的时候，有人被刀刺死，而刺死他的那个人镇定自若地扔掉了刀子，大摇大摆地去了食堂。

看得出，所有人都被吓得发抖，心里可能在想，"该死的，我们究竟是在什么鬼地方"。所以，横死狱中，算是一种极端的结局了。我问自己，如果我和别人发生冲突，是不是也会捅他一刀然后若无其事该干吗就干吗？我从没拿刀捅过人。我只用枪杀过人，但那是在街头冲突时的本能反应，和预谋杀人完全是两码事。"好吧，我要拿刀捅了这家伙，但是该在哪儿捅他？我是只想吓唬吓唬他，给他放点血，让他滚出我的地盘，还是干脆杀了他？"在狱中，拿刀捅人的理由不胜枚举。

要做到这一点，你得麻木不仁，而我还没到这个份儿上。于是我不得不扪心自问，假如是为了活命，你能迈出这一步吗？除非遇上那些让你心生畏惧或让你勇气倍增的事，否则你根本不知道自己在狱中会如何做。有些人原本是我眼中的硬汉，可他们被这起犯人被刺事件吓得够呛。但我发现我没有。我从不爱惹是生非，但从小到大我的确没少打架，而且我也精于此道。每当对战在即，我总是会说"动手吧"。我清楚，如果这是最糟糕的局面，那么我可以面对它做出决定并因此活下去。

看到一个充满暴力的鲜活实例，经历了一番考问灵魂的深刻内省，如今的森格尔已经完全看清密歇根监狱的文化。他知道，要在这里活下去，他必须改变。他的确做到了。

森格尔的崛起

森格尔所在的监狱里有 5 个帮派：逊尼派穆斯林，伊斯兰国家组织，美国摩尔科学神庙派，五大中心派，以及人称"黑色素"的伊斯兰日出宫殿派。这几个帮派掌控着狱中的商品交易，为其成员提供庇护，在毒品、香烟、食物等方面享受便利，比如，他们能从厨房搞到鸡肉和新鲜的牛肉馅儿。初来乍到又没加入帮派的犯人们很容易成为他们攻击的对象。

森格尔加入了"黑色素"一派，这是一个发端于监狱内部的组织，信奉一些源于黑豹党和马尔科姆·X 的思想，比如自决精神，以及通过普及教育来提高黑人的整体地位。它与伊斯兰国家组织和逊尼派穆斯林截然相反（在加利福尼亚等州，街头帮派都有主管监狱的分会，而在密歇根州，大部分帮派名义上都与某种形式的崇拜有关）。"黑色素"是个规模相对较小的帮派，人数总计约 200 人，但他们因招募厉害角色且管理严格而闻名。然而，森格尔很快就发现这个组织并没有真正践行它所倡导的原则：

> 在监狱里，你遇到了这样一些极具感召力的人，一些了不起的演说家。他们凭借自己的感召力带领团队。但是在感召力之下，毫无实质性的东西。
>
> 我们的领头人很有影响力，但却是心口不一的两面派。比

如，我们当中有一个叫 T 的年轻人，监狱外有人给他送钱，这事我们都知道。他在自己究竟是纯种黑人还是混血儿这个问题上没有安全感，所以经常被其他人呼来喝去，也有人会偷他的钱。当一个人对自己的身份归属不清楚时，他往往是弱小可欺的。我心想，"不能再这么下去，这种做法违背了组织的原则"。头儿们对我的态度很不以为然，因为他们自己也在从 T 身上榨取好处。于是我告诉他们，"大家伙要么跟着你们，要么跟着我"。年纪轻的那些人都想跟着我干，因为他们也不愿助纣为虐。就这样，我利用他们自己的道德原则挑战了组织头目的领导地位。

在这里，你不可能直接发起一场政变，然后通过暴力途径去接管，因为我们的组织原则之一就是不能对其他成员采用暴力。所以我必须通过心理战术来接管控制权。在开会时，我用到了苏格拉底式的提问方法："假如一个领导者不遵守自己定下的规矩，他还配当这个领导者吗？"我们组织中的其他人开始意识到必须做出改变，于是他们站在了我这一边：我们要把自己说过的话真真切切地体现在行动中。我当上组织领导者之后，原来的领导者渐渐退居顾问一职。他们虽然仍旧享受特权，但是丧失了直接领导权。

森格尔开始明白，即便是严格遵守"黑色素"一派的组织条令，他也无法百分之百满意。

读马尔科姆·X的自传时，我平生第一次意识到自己可以开启一种完全不同的人生。我发现改变是有可能实现的，但当时的处境让我陷入迷茫。我的左耳回响着马尔科姆·X的召唤"你能行"，右耳却萦绕着狱卒的咒骂"该死的浑蛋，到时你就得还我三美元"。我是个思想复杂的凶犯，在这两种声音的交织碰撞下，我形成了一套处理冲突时更为圆滑的手段。我仍然会提醒手下人提防暴力，但同时会建议他们要在不丧失男人气概的前提下解决问题。

正是在那个阶段，我开始意识到自己当初混迹街头时所做的一切都充满了恶意和负能量，于是我改了名字，叫詹姆斯·X，其他人都管我叫杰伊·X。后来，在研究有关非洲的问题时，我又改名为沙卡·森格尔。这得名于伟大的勇士沙卡·祖鲁和列奥波尔德·森格尔，森格尔是塞内加尔的诗人兼文化理论学家，是塞内加尔的首任总统。

当你获得权力时，肩上的责任也在同步增加。时隔很久我才知道，我们所做的一切不仅对我及我的组织产生了影响，而且还让整个监狱的环境发生了改变。我意识到，当一个成员离开组织时，他会带着这个组织的文化烙印离开。我经历了一个三步走的过程。第一步，我得知道另一种生存方式的存在；第二步，我得为此掌握新的技能；第三步，我得确定它真的是我想要的生活。幸运的是，我仅用9年时间就走完了这三步。这和我的境况有关，由于不再接触外面的世界，我得以朝着自己向往的方向而去。

"黑色素"组织实行的是一套复杂的管理体系，但其基本思路是，所有人都要对自己的伙伴负起责任。假如外人欺负了我们当中的某个成员，那整个组织都会与他为敌。也就是说，无论他被关在哪个监狱，他都没有好日子过。当你的兄弟遇到麻烦时，你得挺身而出，你得把他的事当成是自己的事。如果哪个人被大家看作不值得为之拼命的人，那多半是因为他从来没有挺身而出帮助过别人，这也就意味着他失去了保护伞。

森格尔最在意的是这两个原则：不欺诈他人，不调戏他人。用你希望别人对待你的方式去待别人。

他将上述原则落实在了管理过程中。

> 你面对的是文化水平很低的一群人，有些规则他们虽然记住了，但不一定真的理解。没有真正理解，他们就不会付诸行动。
>
> 为了构建组织文化，我们每周会组织一两次集中学习。我负责给他们当老师。我会给他们发一些资料，比如纳伊姆·阿巴克为马尔科姆·X所著的传记《黑人的愿景》、詹姆斯·艾伦的《做你想做的人》、拿破仑·希尔的《思考致富》等。我编写了导读计划，将书中的经典部分以易于理解的形式呈现出来，并且要求所有人必须学习。两年之后，我成了"黑色素"的文化领头人，也就是领导者。年轻些的小伙子和我的关系最紧密，因为只要是人，总是希望心怀某种信念。
>
> 假如你本人不敬畏这种文化，那就没人会信任你。组织

的管理原则就是我的做人原则。我敬畏它们，信奉它们，我也心甘情愿地想去捍卫它们。由此，小组文化开始朝着好的方向发展。

对于文化原则的普及是如何发挥出作用，森格尔是这样说的：

> 举例来说，我们组织内部有三个人：我，你，卡特鲁。卡特鲁抢了一个浑蛋的钱，对方传来话，要找人收拾卡特鲁。我们内部的矛盾由此而生，因为我们的组织原则是，绝不允许外人欺负自己人，但同时，也绝不允许自己人做出有损组织名誉的蠢事。可卡特鲁违背了后面这条原则。我们有责任保护他，也有责任维护组织的名誉，此外，对于遭抢的那个人，我们也得负起责任。
>
> 不明智的领导者可能会说，"找两个人把那帮家伙教训一顿"，完事儿之后再回过头处理自己人。我当初加入这个帮派时，他们就是这么干的。但这样做只会让对方占领道德制高点，会被对方说我们管束不严，任手下胡作非为。我的做法是，不去找对方的麻烦，而是要让卡特鲁为自己的行为付出代价。他得向对方道歉，并且把抢来的钱还给人家。

如果以这种方式解决外部纠纷，那你的手下人会以此为戒。相反，如果你放松管束，那因此造成的不良风气会渗透进整个组织。

检视与完善

森格尔要求"黑色素"成员严格奉行组织原则，但这套原则总体来说依然是他当初接过领导权时的那一套。直至后来，在与伊斯兰国家组织发生冲突后，他才开始重新审视这个问题。

在密歇根州，监狱内部的帮派管理走的是两种路线。一是在杰克逊州立监狱盛行的那一套，由上了年纪的一伙人主导。二是在密歇根看守所盛行的那一套，由我们掌控。在杰克逊州立监狱，那帮人能搞到毒品，他们利用毒品来收买打手，为他们除掉眼中钉。他们的势力多半源于数量众多的打手。

我们的手下不吸毒，所以组织的运作模式也不依靠毒品。不过我想自己无论如何也不会利用毒品来管理这支队伍。通过利益交换来操控成员，这样的模式会使组织不堪一击。由于成员缺乏忠诚和奉献精神，在遭遇困境时，这种组织是无能为力的。

在"黑色素"内部，我将归属感和忠诚作为整个组织原则的基础。这套原则首先要让你做出选择。我会明确地给他们提出两个要求：要么安心服完终身监禁，无论我们让你干什么；要么付出生命。

一旦加入，就得照我们的要求行事，这样你才能长期留下来。在这里，你不能说歧视黑人的话，不能说亵渎神灵的话。如果你是个烟民，那么在佩戴组织徽章时不可以吸烟。不能被狱警抓住你吸大麻或喝酒，因为这是无知及缺乏自控力的表现。不能做出任何会被人小瞧或被人看不起的事。要保持鞋子的干净和狱服的整洁熨帖。此外，每天都要参加户外劳动，要一起在食堂吃晚饭。在这里，我最强调的就是纪律和团结。

我们小组的人数不及对手的一半，可一旦动起手来，我们的人能够全员上阵，而对方手下有80%会望风而逃。所以，没人想和我们起争执。

在一个叫斯通尼的家伙被关进来之后，我们的组织原则经历了一次严峻的考验。斯通尼是当地一霸，常打女人，还曾经把我一个手下的女儿殴打致死。出于忠诚，我们除了对付他，别无选择。如果我们不维护自己人的利益，不为自己人报仇，那么所有的组织原则都将是一句空话。

斯通尼刚进监狱就开始寻找保护伞，伊斯兰国家组织是他靠拢的目标。这个组织势力庞大，在我们那儿以及美国国内的其他监狱里，它的影响力都不可低估。就提供给成员的安全庇护程度来看，该组织堪称老大。

我和伊斯兰国家组织的狱中头目"投资家"约谈了一次。我向他解释了缘由，说自己必须除掉斯通尼，但考虑到伊斯兰国家组织的颜面，我希望他能把人交给我。"投资家"看出我是认真的，所以他也很严肃地答复我："行，你可以把他带走，但是你的人杀死了我一个手下的外甥。你把他交给我，一个换一个。"

　　用手下人做交换，这违背了我们组织内部的忠诚原则。于是我答道："你想要的人是我的部下，可我想要的那家伙只是你的客人，不是你的人。这种交易我没法做。"

　　接下来的三周内，我们又进行了无数次协商，但毫无进展。我当时只能做出选择，要么干掉斯通尼，和伊斯兰国家组织撕破脸，要么放过他，但需冒着组织文化被削弱的风险。

　　我选择了前者。我找了两个最忠心的手下，两人都被判了终身监禁，没有机会重获自由。我向他们叮嘱了要做的事，他们手脚麻利地办完了。接下来，我们静观其变。

　　什么也没等来。我们的组织文化强悍有力，即便是伊斯兰国家组织也不想与我们为敌。"投资家"最终对我们的行事原则心服口服。

　　这次决策使得组织凝聚力进一步增强。但它同时也让组织文化出现了另一个我原本不希望看到的局面——野蛮和暴力。

在逐层上升直至担任组织头目的过程中，森格尔对组织文化深入揣摩，在汲取其精髓的同时又细加完善。待到坐上掌门人的宝座，他又面临一连串新的抉择，这些抉择让他有了一个重大的发现。所有那些事关生死的决定，所有那些以公平正义为名采取的行动，叠加在一起构建出的却是他并不想要的文化。

　　这样的文化就像个怪胎。它源于行动，而非源于信仰，所以它永远不会朝着你预期的方向发展。这也就是为什么文化建设不是一件一劳永逸的事。你必须不停地检视它、完善它，否则它会彻底走样。森格尔也开始遇到这样的问题。

当时，我只关注人们是否遵守组织的原则，没有想过"宽容"或其他类似的东西，没有考虑到我们的大多数行为会给一些人的家庭带来多大的伤害。

我头一次意识到应该做出改变是在 1995 年，当时，路易斯·法拉汗和伊斯兰国家组织举行了"百万黑人大游行"。游行开始后，监狱管理方陷入了恐慌，因为他们不知道接下来会发生什么。狱警也人心惶惶。我的手下当时都有点蠢蠢欲动。

兄弟们来找我，其中一个对我说，"我和莫奇想干掉几个白人，也算是给游行活动助助兴"。我心想，这可真是个蠢到家的主意。这绝对不是我的组织该干的事。自尊自爱不是说你得去仇恨别人。于是我告诉他："既然你这么想杀人，干吗不去干掉一个白人警察？"他们都怔住了。我接着又说："要是不敢去，那就别再和我说要干掉谁这样的话。他们和我们一样被关在这里，和我们一样受着该死的罪。"我很清楚，他只想选个好欺负的下手，不想去啃硬骨头。

增进联系

意识到自己尚有一定影响力之后，森格尔开始调动一切力量来改造团队文化。

有件事改变了我内心的方向。一个足球运动员在底特律出了交通事故。当时是在桥上，一个年轻女人差点撞上他的车。他跳出车子，看样子像是要去打那个女人，女人吓坏了，想从桥上跳下去逃跑，结果被淹死了。这件事在美国国内闹得沸沸扬扬。当他被押去监房时，其他人都说，"我们真该捅他一刀，好让他为自己对那姑娘犯下的罪过付出代价"。

我心想，没准有些人的家人也是这么看我们的。所以我把大家叫了出来，在逼仄的小院子里开了个会。

我说，"首先声明一点，我不认识这家伙，但你们谁也不准胡来"。为了让他们明白我的用意，我围着大家伙转了一圈，然后问第一个人："你是为什么进来的？"他答道："谋杀未遂。"我说："无论你想杀的人是谁，他们的家里人可能都想要了你的命。"我又转向另一个家伙，他答道："故意杀人。"我问他知不知道对方的家人会怎么想。当我转着圈儿问完一群人时，他们渐渐放下了自己之前的愤愤不平，开始意识到那个想法是错的，开始庆幸自己没有因这样的错误想法而去捅别人一刀。我就是用这样的办法来让他们清楚，冤冤相报何时了。不能因为别人做了错事，你也去做错事。

这件事改变了森格尔，也改变了他的组织。作为领导者，当面对一个大是大非的问题时，你绝不能在道德原则上抱模棱两可的态度。要么升华做好人，要么堕落做恶人。

这件事促使森格尔开始思考更多问题：

解决冲突时，我还是按照监狱里的老一套而非按照心中日益清晰的原则行事，这让我意识到自己的虚伪。我渐渐明白，要对一个组织进行改造，使之符合你心中设定的道德标准，得循序渐进，经历不同的阶段。

这需要时间。为此，我要求所有人必须一同用餐，一起体验有拉面、熏香肠、奶酪、新鲜牛肉或鸡肉的特别餐。在午餐时间，大家会一起讨论我发给他们的那些书。这种紧密的联结以及人人都受关注的感觉促成了组织的全面改观。

我希望能够改变组织内部的文化，以便在重返社会时，我们能够对他人有所助益。我看得出，大家有着相似的心碎往事，经历过相似的混乱人生。我曾做过这样一个类比：假设你是个房地产开发商，有人找到你说："这儿有块地，还有100万美元。你能不能给我在这块地上建座房子？"你满口答应，动手给他建了一座豪宅。他举家迁入豪宅，但家人却陆续病倒，因为他们事先没告诉你，这块地有毒，它曾经是个垃圾填埋场。

如今的监狱尽搞些虚头巴脑的东西。有一个管理计划，叫"停下来，想一想，再行动"。意思是在遇到问题时，先别着急做决定，要冷静下来想一想，这样才能有更好的结果。呵呵。我曾经听过一门心理治疗课，但毫无收获。它没有涉及任何实质性的东西，它没有告诉我，为什么我的妈妈会为一些鸡毛蒜皮的事差点要了我的命。有一次，教官在课堂上说，"你们大概一辈子也出不去"。这样的心理治疗课有什么意义？他们其实是想在垃圾场上建豪宅。至于垃圾场本身，他们不会多费半点儿心思。

我利用自己在狱中的影响力，开设了每日一课，名为"做真人，说真话"，要求大家一起关注内心世界，研习情商。这个课很受欢迎，参与者众多，大家终于有机会深入反思自己的过错。到后来，就连监狱管理方都来找我："能不能组织一个研讨活动，给大家讲讲共情力和创伤应对？"就这样，我获得了这个当初视我为恶魔的机构的信任。

我犯下的是罪大恶极的杀人罪，所以其他犯人不会认为我在为政府卖命。我唯一希望的是他们能够成为更好的人。如今，有些人已经带着收获刑满出狱，开始以正确的人生态度过上了新生活。这种感觉实在是太棒了。

森格尔意识到了重大变革的必要性，他首先做的是进一步加强团队的凝聚力。他采取了改变团队文化时最好用的技巧之一——增进联系。让自己的团队成员一起吃饭，一起劳作，一起学习，在此过程中，他让每个人都感觉到了团队文化建设中一点一滴的改变。没有什么比每天碰面开会更能说明问题的重要性了。

森格尔的现状

森格尔重获自由走出监狱已有十年之久。如今的他是畅销书作家，也是一个真正的领导者。

出狱后，我意识到自己有责任对年轻人说说心里话。回首过去，我发现自己原本可以书写一段不一样的人生。我兴许本可以当个医生，当个律师。为什么最后竟成了一个该死的罪犯？我本想通过自己的努力走好人生路，但身处的街头文化却决定了我的前半生。

沙卡·森格尔究竟是谁？是残暴的罪犯、监狱团伙的头目，还是畅销书作家、监狱改革的领导者、为构建美好社会而做出努力的奉献者？显然都是。这就是文化的力量。如果你想改变自己的现状，首先得改变身处的文化。于这世界有幸的是，森格尔做到了。他的行为成就了他的新生。

05

沙卡·森格尔的商业启示

声名狼藉先生拳脚相加，赶走蠢货，
伙计们疯了。
因为我知道，
票子主宰一切。

——声名狼藉先生

文化是一套抽象的行为准则，其兴旺或衰败都取决于组织内部的人所做的具体决策。对领导者而言，理论与实践之间的差距是极难弥补的。如何让一个机构在你不能亲临现场时正常运转？如何确保这种运转方式能够按照预期带来令你满意的文化影响？如何判断眼前的形势？如何知道自己是不是已经成功？

领导者们可以从沙卡·森格尔的经历中提炼出两条经验：

1. 你本人的文化观并不重要。你和你的管理团队对于文化的态度很少与团员成员自身的文化态度相一致。沙卡·森格尔从隔离监房出来那天看见的血腥事件彻底改变了他。所以，重要的是你得让员工知道，他们该如何做才能在公司里立足并且成功，哪些行为会让他们被管理层接纳或排斥，哪些因素能促使他们向前发展。

2. 你得立足于基本原则去打造企业文化。每个生态系统都有各自的默认配置（在硅谷，企业文化中的默认配置五花八门，有些崇尚休闲装，有些鼓励员工当家做主，还有些奉行加班加点），不要盲目照搬。

- 你有可能照搬一些自己并不了解的组织原则。比如，英特尔公司为了推动任人唯贤的企业文化，专门强调着装要随意。它还认为，衡量一个员工的贡献时，关键不是看他的级别高不高，而是看他有没有好的想法。如今的很多硅谷企业不了解这个背景，只是一味地强调着装要随意，却忽略了任人唯贤这一根本。

- 优秀的文化不一定适合你的公司。英特尔的管理之道在于，高级工程师与高级管理人员在决策制定环节发挥着同等重要的作用。假如你从事的是快餐行业，那这种文化对你毫无益处。

下面我们来深入谈谈这个问题。

文化会改变人

森格尔初进监狱时，接触到的是以遏制恶行为目的但实则催生更多恶行的文化。你不禁要问，监狱里为什么会形成这样的文化？主管监狱的政府部门究竟知不知道这样的文化意味着什么，会产生什么影响？

以你作为领导者的视角来看，如何才能知道自己的企业文化究竟是什么？这个问题绝不似听起来那么简单。

当听到"我们的企业文化很严苛"或者"公司里自大风气盛行"等反馈时，所有的领导者都会震惊。可当他们试图正视这个问题并找出背后原因时，就陷入了海森堡不确定性原理的泥沼。试图对文化做出评价，这种行为本身就会干扰评价结果。当你问经理们"咱们的企业文化怎么样"时，他们会给出一个被"经营"过的、他们认为你更愿意接受的答案，绝不会说出半点儿他们认为你不愿意听到的话。这也就是为什么这伙人被称为"经理"。

要洞察自己的企业文化，最好的办法不是去听经理们如何说，而是去看新员工们如何做。哪些行为在他们眼中是有助于他们适应新环境、有助于他们长期立足且取得成功的？你的企业文化就蕴含在这些行为中。绕开经理，直接去问问刚参加工作一周的新员工们。此外，务必问清楚有哪些不好的行为或观点让他们产生了提防心或者不适感。问一问新环境与他们曾经接触过的其他工作环境有什么不同——不仅要弄清楚哪些

111

方面更好，还要弄清楚哪些方面更糟。征求一下他们的建议："假如你是我，在为期一周的工作感受基础之上，会如何改进这里的文化？会在哪方面做出改进？"

森格尔告诉过我，30 年前，他被送进拘留所，之后又被转入监狱，那一幕已经过去很久，可他每每想起总觉得就像在昨天。你进入一个机构的头一天、头一个星期，往往是你能观察到所有细节的时期。你能看清楚身在何方，能感受到这里的文化烙印从今往后将被刻在你身上，尤其是当你看见一个人的脖颈被捅了一刀后。

也正是在那一刻，你开始判断权力架构的组成形式：谁说了算？为什么？为了到达今天这个位子，他都做过些什么？你能复制他的成功吗？与此同时，你初来乍到时的一言一行，还有别人对你的看法，也会影响到你在公司里的地位和未来发展，会为你这个人贴上一枚个人标签。

你对文化的第一印象很难被改变。正因为如此，新员工的培训更宜被视作一种"文化培训"。文化培训能够使你有机会看清楚自己想要什么样的文化，以及你打算如何实现这样的文化。什么样的行为会受到褒奖？什么样的行为不应出现或者会被严惩？初来公司时的第一印象，以及第一印象所发挥出的持续影响，使得新员工培训成为重头戏。如果公司在招聘、面试、培训、融合等环节秉持着明确的目标，有理有序地开展工作，那再好不过。如果其中任何一个环节是随意为之的，那么你的企业文化也会是随意不当的。

很多人认为文化元素完全是系统性的，员工仅在办公场合体现出他所在的企业的文化。可事实是，办公室是人们度过白昼清醒时光的主要场所，他们在办公室的一言一行都在塑造着他们。办公室文化具有极强的传播性。假如 CEO 与下属有私情，那么类似事件会在公司里蔓延开来。如果公司里脏话横行，那多数员工会把这种恶习带回家。

所以，想要甄选出"好人"或剔除"坏人"的做法并不一定能让你营造风清气朗的文化。一个原本品行极其端正的人也许会在你所营造的文化中被迫放弃原则，以求成功。圣多明戈的那些非洲人原本是奴隶文化的产物，但在杜桑·卢维都尔的引领下，他们被改造成了骁勇善战的士兵。人们会随着身处的文化环境而改变，会为了生存和发展而去努力适应新的文化标准。

将文化规则付诸实践

森格尔之前的领导者们并没有亲身践行自己制定的标准，他们为此付出的代价是让出了领导宝座。身为领导者，你必须坚信自己制定的标准。制定了文化标准却不带头执行，这只会让文化陷入泥潭。

举例来说，我还不曾见过哪个 CEO 不重视反馈。每个人都渴望公开透明的文化，能让他们清楚自己身处什么样的环境。然而，我见过很多 CEO，他们要求经理们写工作总结，但自己却从不花时间做这件事。我担任 CEO 时，定下了一条所有人（包括我）都必须严格遵守的规则：如果你不按时完成自己的工作总结，那你的手下人就加不了薪，领不到奖金，享受不了更多的优先认股权。如此一来，大家的书面总结上交率达到百分之百，因为没有哪个经理愿意被自己的团队成员架在火上烤。对我而言，严守这条规则也同等重要。

你也可能认为，我的规则一定是明哲保身的：随着时间推移，内心虚伪的领导者会越来越受不了被他人取代，因而也会越来越注意言行一致。你有必要坚信自己的规则，但这还远远不够。你必须得像森格尔一样，以一种能够使其持之以恒的方式将这些规则迁移到团队成员身上。根据团队当前起点的不同，这种迁移的难度也会不同，有些是小工程，有些是大工程。但无论难易，这种迁移都必不可少，因为它不仅可以帮你奠定文化基础，还可以助你巩固领导地位。

假使你如有神助，那也许无须抱怨这份文化不如你的意。人们会相信你，至少在一段时间内。但是你无法从他们那里看到你想要的结果，你也永远成不了你口中的那个自己。

文化具有普适性

你可能渴望这样一种竞争文化，员工对外毫不留情，对内却和气一团。你也可能中意于用脏话狠话来惩戒失败者的文化，希望员工在工作时秉持，回到家就放下，这样的情况根本不存在。人们一旦接纳了某个文化行为，就会在生活的方方面面运用到。

假设你是经理，公司的文化价值观是"相互扶持"，也就是说在危急关头，人与人会互帮互助渡过难关。现在来设想一个场景：你的一个销售搭档即将谈下一笔大买卖，他想让你的人去帮帮他。但你的员工都很忙，没人应这个茬儿——不露面，不接电话，不帮忙。由于没人帮忙，这个人丢掉了买卖，他气急败坏地打电话找你发泄。这时候，你该帮谁？自己的员工？还是搭档？你是该恪守自己的文化规则，还是该维护手下人的利益？

如果你任由本能驱使，选择维护手下人的利益，那请记住一点，在危急时刻相互扶持，这意味着要在公司上下营造一种信任感和忠诚。一家公司不可能在合作伙伴面前维系这套伦理观，在公司内部倡导另一套。如果你袒护自己的员工，那他们只会得出两个结论：（1）你支持他；（2）你认可他们不帮忙的举动。你对待搭档的态度最终会成为员工彼此之间的相处之道。

就像森格尔指出的，文化具有传播性。

使文化成为武器

森格尔的手下一度想杀死狱中的几个白人囚犯，他们这样做实则是出于私心，想要肆意操控文化标准。这种想法很常见，用优步公司 CEO 达拉·科斯罗萨西的话说，这叫"使文化成为武器"。森格尔的手下就是试图将"自尊自爱和反抗压迫"等文化元素变成手中的武器，借此提高他们的地位。在只挑软柿子捏的前提下，他们不失为合格的"杀手"。但森格尔仅凭提高任务的难度系数，以及完成高难度任务所带来的后果，就让他们暴露了自己的真实动机。

Slack 公司创始人兼 CEO 斯图尔特·巴特菲尔德曾经遇到过相似的问题。"同理心"是他制定的核心文化价值观，但这条准则最终却带来了很多意想不到的结果（就像武士一族所言，德行要高于价值观，但这一观点所知者不多，因此很多公司仍然将树立价值观作为首要任务）。"同理心"原则主要针对客户，但同时也针对员工，希望能以此促进公司内部的人际交流，让大家更好地了解彼此。假设你是一个工程师，你清楚产品经理面临着什么样的难题，也深知他为了掌握客户资料在经历着什么样的煎熬，有了这样的"同理心"，你一定会更认真地对待他的事。

为了促进员工更高效地开展工作，加强团队合作，经理们会给员工提供反馈建议。这时，少数人就会拿起"同理心"这个武器，将枪口对准上司，宣称"你根本就没有站在我的立场替我想"。这些人没有利用同理心促进交流，反而想要否定它，因为同理心伤了他们的心。他们的反攻使得一些经理畏首畏尾，不再给予反馈，唯恐这种反馈看上去像是毫无人情味的批评。

为此，巴特菲尔德不得不进一步明确哪些行为符合文化标准，哪些不符合。他开始逐渐将重心从"同理心"转移到了另一个他渴望的企业文化要素——合作精神。紧接着，他界定了何谓实践中的合作精神。在Slack公司，"合作精神"意味着发挥各个层面的领导作用。有合作精神的人知道他们的成功受制于那些不合作的人，所以他们要么会帮对方一把，要么会干脆把对方甩在一边。

随时改变自己

文化能够反映领导者的价值观。说到底，为了构建心仪的文化，森格尔也不得不改变自己。公司领导者面临着相似的挑战，但他们常常以为自己"无可挑剔"，总是看不见自身的短处。这种态度引起的文化后果是极其危险的。

在 LoudCloud 担任 CEO 期间，我曾无数次陷入这样的时刻，每一次都差点儿走错路。有一次，我们的季度收益很理想，但预订单欠佳——预订单是个会计学上的术语，指担保合同，担保合同最终会转化为收益。有些员工想出一个办法，能让未担保合同看起来像是预订单。也就是说，把预订单和未担保合同混在一个篮子里。我的确不想在预订单的数量上败下阵来，而且从技术层面看，这种做法不算是欺骗，也不违法。所以，我是不是可以试一试呢？我倾向于大胆一试。这就意味着，只要我能确认自己没有触犯法律条文，做到问心无愧，我就甘愿玩一套瞒天过海的把戏。

这时，我的法律顾问乔丹·布雷斯诺过来对我说："本，整个讨论让我很不舒服。"我问他："乔丹，何必呢？我们没撒谎，而且，如果我们的预订单数量不理想，那会导致大量的负面报道，紧跟着还会失去客户的信任，丢掉下一季度的收益，最后不得不裁员。"他说："没错，但这样做会让大家认为我们可以用这样一种方式来讲真话，你听到的真话并不是真的。"我心想："哦，老天，他是对的。"

之后，我定了一条规矩，我们的报告中只呈现与收益相关的数据，这些收益需符合标准会计法规的定义，并且需接受过第三方的审计。为了让公司文化从"讲真话"转变为"保证让人们听到真话"，我不得不做出改变。这种转变源于我们最初的企业文化观：信任。在有关卢维都尔的章节中，我曾说信任是交流的基础。仅凭说一些令你或多或少感到舒服的"真相"并不能够建立信任。只有听到切实的真相，才能促进彼此间的信任。

假如不是布雷斯诺阻止，我可能真的会做出另一种选择。与摆在眼前的、具体的结果相比，文化会显得有些抽象，会被放在次要位置上。实际上，文化是一种战略投资，它能让公司在你不从旁监督的情况下依然以正确的方式运营。

增进联系，改变文化

当森格尔下定决心要对"黑色素"组织进行大力革新时，他以每日例会的形式彰显自己的用意。对公司而言，这是改变文化的众多良策之一。

最近，我把这个良策推荐给了 NationBuilder 的 CEO 李·恩德雷斯。NationBuilder 专为在线社区领导者提供软件支持。公司近期的财政接近赤字，搞得恩德雷斯焦头烂额。原因是，尽管她提醒所有人应该把资金回笼放在首位，但大家还是没有把它当回事。以下是我和她的聊天记录：

李：我真的很担心资金无法回笼。我们选择的是一家外包金融公司，它压根儿不关心这件事。我们的现金余额不足，上个月还差一点出现赤字。如今我们真的是麻烦大了。

本：有团队负责这件事吗？这个月你们计划回收多少现金？

李：有。至少得回收 110 万美元。

本：如果你们已经陷入危机，而你又需要通过团队来完成这件事，那就每天召集他们开一次会。必要的话，每天两次。这会让他们知道，这件事是当务之急。每次会议开始时你都要问："我的钱呢？"他们肯定会给自己找借口，比如"某某说好要给我打电话，结果没打"或者"没人告诉我该做些什么"。这些借口往往就是解决问题的拦路虎，因为其中包含了被你忽略的重要信息。一旦知道他们的借口是"弗雷德没有回我的邮件",那你就可以命令弗雷德即刻回复邮件,同时还可以告诉找借口的这个人做事要有恒心,第一封不回复就发第二封。一开始,会议的战线会很长,但两周过后就会大大缩短,因为一旦你开口问:"我的钱呢?"他们一定会说:"在这儿呢!"

两周后:

李:你简直不敢相信他们找的那些借口。有一个人说,我们公司设置的自动回复邮件中只有一句话,内容是提醒客户未及时付款,但没告诉客户接下来该怎么做。我告诉他:"好吧,咱们来改一改这该死的自动回复邮件。"我们做了调整,他们也就知道我所言何意了——我想要收回我的钱。

一个季度过后:

李:我们9月的回笼资金达到160万美元!整个团队爱上了我的这句开场白,"我的钱呢"。

要想改变文化,仅凭动动嘴是不够的,你得让大家感受到事情的紧迫性。

06

成吉思汗：
兼容并包的大师

城市的暴乱中回响着世纪之歌，
刻在我们身上的烙印从未消失。
面对它吧，杰罗姆比布兰登有更多时间，
他们在机场把我的包翻了个底朝天，
还告诉我这是随机检查。

——坎耶·维斯特　《华丽》

成吉思汗堪称有史以来最高效的军事领导人。经由一连串惊天动地的战斗，他征服了大约 1 200 万平方英里①的土地，其面积接近整个非洲大陆，从波斯湾纵贯至北冰洋——靠的仅仅是一支 10 万人的部队。

　　在当今世界，很多公司尚在苦苦探索该如何称霸一方，扩张势力范围。而成吉思汗早在近一千年之前就解决了这个难题。被他征服的民族数不胜数，有中国境内的，有波斯湾流域的，还有欧洲大陆的。他们当中有伊斯兰教徒、佛教徒、基督教徒，甚至还有食人族。所有人都毗邻而居，相安无事。他的统治强悍有力，根基牢固，即便在他死后，这样的统治形式还延续了约 150 年。

　　成吉思汗本名铁木真，他自幼胆小，见到狗会害怕，遭人欺负会哭出声，在一个偏远地带的小游牧部落中长大，9 岁起就过上了颠沛流离的生活。这样一个人如何能完成如此宏大的伟业？在他的丰功伟绩背后，又隐含着怎样的文化革新？

　　1162 年，铁木真出生在一个干旱少雨、生存条件严苛的内陆地区，靠近今天蒙古国和西伯利亚边境。根据《蒙古秘史》的记载，铁木真出生时手里紧握一团凝血，预示着他有朝一日会成为胜利者。事实证明，他的一生的确与血溅沙场和称王称霸紧紧地联系在一起。

　　铁木真所属的乞颜部是蒙古最重要的两个宗族之一，他的父亲也速该是其中一个小部落的头目，母亲叫诃额仑，是也速该抢亲抢来的妻子。在那个年代，靠抢掠来为自己找个妻子是很常见的行为。诃额仑被抢时，只有 15 岁。成为也速该的妻子后，她为他生下的第一个孩子就是铁木

-----

① 1 平方英里 ≈ 2.6 平方千米。

真。这个名字得名于铁木真兀格，他是也速该的宿敌，被也速该抓住后处死。确切地说，这个名字倒是很适合一个日后成为可汗的伟人。

对于铁木真童年时的样子，我们所知不多。但是在弗兰克·麦克林恩所著的《成吉思汗：征服，帝国，遗产》一书中，我们可以得知成年后的他是什么形象——"高大，强壮，粗眉，长须，眼睛像猫"，这一切使他看起来冷酷无情，精于算计并十分克制。如他自己日后所言，他的世界观是海盗式的：

> 对一个男人而言，最大的喜悦莫过于收服叛乱者，战胜并且消灭敌人，拿走他们的一切，让他们的仆人们哀号，让他们自己涕泗横流，让他们的良驹供自己骑乘，让他们的妻子供自己享乐，让自己夜夜都在女人环抱的温柔乡里睡去。

这就是蒙古人的生存之道。铁木真八九岁时，他的父亲就开始带着他骑马打猎，四处为他寻找未来的妻子。在此过程中，他们遇到了邻近宗族中的一个家庭，这家人有个女儿，名叫孛儿帖。两个孩子互相喜欢，父亲们也就为他们定了亲。铁木真定亲后留在孛儿帖家中帮忙放牧，而他的父亲也下了聘礼，只等两人到年龄就成婚。

三年后，也速该与他杀死的武士铁木真兀格所属部落的鞑靼人一起吃饭，由于他没能成功隐藏自己的身份，结果被对方下药毒死。弥留之际，也速该派人找到铁木真，铁木真被迫离开孛儿帖和她的家人，回到了只剩寡母和几个年幼弟妹的家中。

泰赤乌部不愿意养活这么多人，于是将他们驱赶出去，还偷走了他们家中的牲畜。这等于是把他们逼上了绝路。诃额仑带着孩子，靠着求生的意志活了下来：靠着吃狗肉、老鼠肉，穿狗皮，他们才没有被饿死或冻死。

铁木真同父异母的哥哥别克帖儿如今成了家里最年长的男子。他的霸道让铁木真很不满。别克帖儿不仅抢着吃铁木真抓来的鱼，还抢了他抓的一只云雀。铁木真的对策直截了当：他带着弟弟合撒儿用乱箭射死了别克帖儿。孩子从中也可以吸取一个教训：不要欺负自己的弟弟，因为他将来有可能成为成吉思汗。

诃额仑为此气愤不已。如果他们连自己同父异母的兄弟都要杀，那还怎么可能联起手来找部族报仇雪恨？"你们都是些狼崽子，"她说，"就像咬自己肉的疯狗。"

为了惩戒杀戮，泰赤乌部抓住铁木真，将他贬为奴，没日没夜地让他劳作。铁木真很快就逃了出去，之后，被一个穷人收留。他们把他藏在羊毛下面，躲过了追捕者的搜查。来自一贫如洗的陌生人的善意和来自泰赤乌部腰缠万贯的同族的恶意在铁木真心中刻下了深刻的烙印。在《成吉思汗与现代世界的诞生》一书中，杰克·韦瑟福德指出，这段经历让成吉思汗坚信，"家族之外的一些人确实值得像家人一样被信任。在晚年，他会主要根据人们对他的所作所为而非亲缘关系来判断对方，这在以草原为家的游牧民族中的确是革命性的观点"。正如我们下文中将要讲到的，在现代企业文化中，将他人的行为作为主要判断依据同样是革命性的观点。

1178 年，铁木真 16 岁。尽管在父亲去世后他再也没有见过自己的未婚妻孛儿帖，但他深信重逢可期。令他开心的是，孛儿帖的确还在等着他。按照习俗，新娘要给新郎的父母送一份礼物，孛儿帖送来的是一件黑貂皮的大衣，这是草原上最昂贵的皮草。铁木真心思缜密，他把这件大衣送给了父亲曾经的盟友王汗，希望与之交好，建立起属于自己的新的联盟。

对于新联盟的需求说来就来。在忍辱等待18年后，诃额仑先前嫁入的部落蔑儿乞惕为了一血当年诃额仑被劫之耻，率领300人突袭了铁木真的营房。铁木真和他的兄弟们得以骑马逃离，但孛儿帖却被掳走了。

铁木真的家族无法和强大的蔑儿乞惕部抗衡。大多数男子在这种情况下，都会重新去抢一个女人做妻子，但铁木真没有。蒙古男人大多情感内敛，但铁木真却公开表示蔑儿乞惕人的所作所为等于挖去了他的心头肉。决意一战后，他找到了王汗，对方答应帮忙。王汗让铁木真向札答阑部一个实力过硬的小伙子札木合寻求帮助。札木合与铁木真原本就有血缘关系，小时候还曾在一起玩耍，所以他二话没说就答应了。就这样，在一群实力强劲的朋友的支持下，铁木真做好了决一死战的准备。

一天晚上，铁木真向蔑儿乞惕部发起进攻，将对方打得落花流水。接着，他开始一个帐篷一个帐篷地寻找孛儿帖。此时的孛儿帖已经因安全之故被蔑儿乞惕人送上了马车即将离开。根据《蒙古秘史》记载，孛儿帖在一片嘈杂声中听见铁木真在呼喊她的名字。她跳下马车，在黑暗中循着声音而去。当她终于跑向铁木真的马骑并且一把拽住缰绳时，狂躁不已的铁木真差一点打到她。当认出是孛儿帖之后，两个人"紧紧相拥"。尽管孛儿帖已经怀上蔑儿乞惕人的孩子，但铁木真没有嫌弃。对他而言，血缘的纽带真的不是那么重要。

尽管他的好兄弟札木合在解救孛儿帖一事中功不可没，但铁木真还是与他产生了隔阂。在二人的隔阂中，种姓之别再次扮演了重要角色。在蒙古族的亲缘阶层中，每一个家族都被看成一支血脉。部落首领的近亲被看成高人一等的"白色血脉"，相反，部落首领的远亲则是"黑色血脉"。只要铁木真做一日札木合的远亲，他就得当一日的"黑色血脉"。除非他自立门户，建立自己的部落。

当日，在面对蛮横霸道的异母兄弟时，铁木真没有让步，而是痛下杀手。如今，他自然不会向札木合屈膝。1183 年，两个人的部族一分为二。这之后，二人断断续续激战了 20 年，其间有过短暂的休战，也拟定过盟约，最终以铁木真战胜札木合，夺去其他若干个独立部落而收场。铁木真成了整个蒙古境内事实上的领袖。

1206 年，蒙古各部贵族一致推举铁木真做最高统帅。他接受了这份殊荣，其条件是，所有蒙古人都要绝对服从他，他要打哪里就打哪里，他要取谁的性命就取谁的。现在他的手中掌握着 31 个部落，约 200 万蒙古人。自此，铁木真被称为"成吉思汗"，意思是"势不可当、坚不可摧的统治者"。

蒙古人历来是按照部落、氏族等划分成不同派别。当面对共同的敌人时，他们会携起手来；而当出现纷争时，他们又会兵戎相向。上至贵族下至土匪都坚信成吉思汗能够统领全局。成吉思汗意识到，应该为这些割据势力树立一个共同的目标，应该让他们放下贵族至上的梦想，唤醒他们作为一名战士的基本欲望。成吉思汗明白，他可以，用麦克林恩的话说，凭借"巨额的、以指数级递增的战利品"激发人们的斗志。事实上，战利品也是他能给予战士的唯一报偿。

提供巨额奖励的目的就是确保人们对可汗——而非对部落或氏族——的忠贞不贰。为了保证自己至高无上的地位安然无虞，成吉思汗必须获得源源不断的财富，这就意味着他得不停地去出征、去战斗。太长时间的和平会让守卫他王国的这些勇士变得焦虑不安，最终会让自己人跟自己人为敌。

在统一蒙古各部后，成吉思汗又率兵占领了华北地区。接着，他挥师向西，攻下了波斯帝国的花剌子模。

成吉思汗发起的战争是残酷无情的。他的将军们惯用缴枪不杀的计策诱使敌人投降，等到对方真的放下武器时，他们又会大开杀戒。被成吉思汗扫荡的城市中，不光是人，就连猫狗老鼠也被消灭得一干二净。唯一能在他们屠刀下活命的就是手工艺人，这些人都被送回了蒙古。在阿拉伯国家，成吉思汗因其暴力行径收获了"有罪之人"的骂名。

尽管如此，但他却从另一方面展现了接纳与包容的秉性。

文化如何影响军事战略

成吉思汗的精英化战略思想使得他的部队不同于以往的任何一支部队，其实力之强也是不可比拟的。

在其他军队中，领头的将士会骑在马上，其他人步行跟上，行军进程缓慢。成吉思汗的部队一律是骑兵，所以大家能以相同的速度快速行军。其他军队中有相当一部分人员负责后勤保障和物资供应，而成吉思汗的军中每个人都自带装备：四季的衣物，取火的燧石，装水和牛奶的水壶，磨砺箭头的磨刀石，捆绑动物或罪犯的绳索，缝补衣服的针线，匕首和短柄斧头，以及一个容纳上述所有杂物的皮革袋。所有人都是从自己的坐骑身上挤奶喝，靠打猎和劫掠获得食物。

传统的军队等级森严，阶层分明，行进时往往以纵队排列，向着一个统一方向前进。由于大规模补给人员的存在，队伍行进中常被他们拖后腿。而蒙古人的这支军队却是围绕若干个中心点排列。由十人构成的小组作为一个中心，外围环绕的是由一千人组成的部队。这是成吉思汗推出的一种新的分组标准，取代了蒙古人传统观念中的部族之分。一千人的部队继而又是其外围万人大军的一个组成部分。在军队最核心的位置上，也就是在中央区域的十人小组的内部，是成吉思汗，他就在大军最中心的地带指挥作战。

这样的布兵方式使得蒙古骑兵可以轻松地击败、包围、剿灭他们的敌人。蒙古军队战胜的敌军是他们自身兵力的 5 倍。他们经常虚晃一枪，从两个方向同时发起进攻，让按照传统方式作战的对手捉摸不透。这种战术是为了截断相邻两支敌军里应外合的通道，防止他们对蒙古军自己的领地发起突袭。成吉思汗的部队以行进迅疾而著称——他的骑兵能日行 65 英里，而蒙古良驹又具备犬一般的敏捷。在弓箭手的掩护下，轻骑兵和重骑兵轮番出击，时而佯装撤退，时而发起伏击，对于赤手空拳的肉搏战，他们有一种隐隐的不情愿。这是一支以游击作战方式组合在一起的部队。中国的另一支少数民族女真人领教过蒙古军人来无影去无踪的打法："他们进攻时就像是一片乌云压境，离开时又像是一道闪电划过天空。"

随着大军向前挺进，成吉思汗会确保将刚刚征服的地区中好的做法推广到王国的每个角落。就这样，他的统一帝国逐步形成。韦瑟福德在书中写道：

> 在执行宗教包容政策，设计统一文字，设置驿站，玩游戏，或印刷历书、货币和天文图等问题上，蒙古帝国的统治者们表现出了始终如一的世界主义特质。他们没有自己的一套体系去强加给帝国的臣民，因此很愿意将异国他乡的不同做法全盘接收。在上述领域中，蒙古人缺乏明确的文化偏好，所以他们会采取实用主义而非意识形态层面的解决方案。他们力求找到最有效的那些做法，一旦找到，就会把这些方法推广至四面八方。

成吉思汗基于三条原则创造了一套异常稳固的文化：精英化管理，忠诚，包容。

精英化管理

在 1189 年聚合蒙古诸部后，铁木真进行了第一次组织革新。在大部分草原部落中，可汗的王庭由贵族统治，成员都是其近亲。韦瑟福德写道：

> 铁木真根据其追随者的能力和忠诚度给他们分派了不同的职责，至于对方是否与自己有血缘关系，他并不在意。他将贴身侍卫这一最重要的岗位委派给了博尔术和者勒篾，事实证明，他们二人的确在其后十多年的时间里忠心不贰。

蒙古女性的地位历来不低，到了铁木真统治时期，他又进一步废除了贵族头衔世袭制，打破了民族界限用人，所有人得以享受平等地位。牧羊人和放牛娃如今也能当将军。铁木真将他的所有臣民称为"毡壁下的民族"——毡壁是搭建蒙古包时所需的主要材料，这象征着蒙古草原上的天下大同。

为了巩固这种精英化管理，他严禁自己的家族成员在不经选举的情况下成为可汗或领导者。他引入了法律的概念，因为仅凭武力强制是不够的。在一个统治阶层普遍认为自己凌驾于法律之上的年代，成吉思汗却坚持认为王子犯法当与庶民同罪。

只有一个人可以法外开恩：他本人。他有时异常残暴。在听到自己的孩子抱怨土地不如普通人多时，他还破坏规则，给他们划拨了大片土地。麦克林恩曾写道："面对'成吉思汗统治下的蒙古社会是受法律制约还是专政统治'这个问题，答案可以是：二者兼有。"

然而，相比同时代的其他领导者，成吉思汗算得上非常脚踏实地。他严格践行着自己定下的规则。尽管他渴望民众的顺从，但却从不把自己塑造成神一般的人物。他从不允许别人在绘画和雕像中以他为原型，也不允许人们将他的名字和形象镌刻在硬币上。在给一位道士的信中他这样写道："我没有什么过人之处，我会继续和其他的牧人马夫一样，穿相同的衣服，吃相同的饭，和他们一起同甘共苦。"

通过打破世袭等级制度，把军队改造为一支真正的精英部队，成吉思汗将贵族阶层中无所事事的懒汉和一无所长的庸才全都清除了出去，极大提升了军队的整体能力。同时，他还为心怀抱负的士兵提供了施展才能的平台，他使他们相信，只要能证明自己的勇气和智慧，都能成为领导者。

忠诚

对于忠诚，成吉思汗做出了与同时代人截然不同的定义。多数人认为忠诚意味着君叫臣死，臣不得不死。而成吉思汗却认为忠诚是一种双边关系，这种关系对他而言责任重大。有两个牧马人提醒他有人要造反，他就将两人任命为将军。札木合的一个弓箭手远距离射箭，差一点置他于死地，在被成吉思汗的手下抓住后，弓箭手解释说他只是奉命行事，并非本意。他原以为自己会被处死，结果却被铁木真任命为军官，后来他还成了一个了不起的大将军。

在战争爆发时，他会最大限度地保护蒙古人的性命。他喜欢不战而屈人之兵，所以那些早早缴枪投降的敌人往往能获得最大的仁慈，而那些负隅顽抗的对手最后只能落得个让自己的臣民在成吉思汗的队伍中充当人肉盾牌的下场（如前文所言，成吉思汗喜怒无常，他的将军们有时也会意气用事，因此他的部队也并不总是遵守上述规则）。当他的某个士兵被杀时，他会把自己的那份战利品分给士兵的遗孀和孩子。

尽管在统帅中独具一格，但成吉思汗从未惩罚过手下的任何一个将军，这也说明了为什么在其30余年的统治生涯中，这些人从未离开或背叛过成吉思汗。他采用的策略也是沙卡·森格尔后来用过的，那就是，要将军队中的伦理道德同样应用于外来者。当宣布所有人不得背叛自己的可汗时，他其实是想让它成为一条普世通行的规则。1204年，在他最终击败札木合之后，对方的一些人弃主求荣投靠了他。成吉思汗没有嘉奖他们，反而将他们处以极刑——就像札木合预言的那样。然后，他又处死了札木合。

通过以更高的标准来界定忠诚，成吉思汗创造了强大的军事优势。恰恰是因为他没有要求自己的士兵精忠报国，他们才更愿意为他肝脑涂地。蒙古人提及这位大可汗时都会这样说，"就算他让我上刀山下火海，我也心甘情愿"。

包容

成吉思汗在战争条约方面做出了大幅度改革。先前的做法通常是优待战败方的贵族，将其士兵贬为奴隶。而在他手中，战败的贵族被统统处死（以免他们日后反戈一击），而战败方的士兵则被整编进他的部队。这样一来，他不仅扩充了自己的军事力量，还将自己打造成了一个对待手下一视同仁的领导者形象，一个让人愿意为之卖命的领导者。

1196 年，在击败主儿乞部之后，他和妈妈诃额仑收养了一个主儿乞部的男孩，视如己出。这向人们传递出了一个明显的信号：归降的人也能在今后的征战中一展雄姿，就好似他们原本就属于这个部族一样。为了鼓励这种新式平等，成吉思汗举办盛宴，款待被击败的对手以及他们的新邻居。他还力主推进部族间的通婚，以进一步促进各部的融合。

任何将领都有可能将投降的敌军纳入自己的部队，但成吉思汗的巧妙之处在于，他极尽宽容地对待这些人，以至于他们对他比对先前的主人还要忠诚。

在 1203 年被王汗追击时，这一点表现得尤为明显。铁木真躲在北部地区的一处沼泽地里，他和他的 19 位指挥官喝着班朱尼河的河水盟誓。指挥官们发誓要毕生服从成吉思汗，而成吉思汗也发誓要毕生忠实于他们。正如韦瑟福德写道：

> 追随铁木真的这 19 个人来自 9 个不同的部落。可能唯有

铁木真与他的兄弟合撒儿来自蒙古部落，其余的人则是梅基德人、契丹人、克里伊德人等。铁木真是一个虔诚的萨满教徒，崇拜布尔罕和乐敦圣山上永恒的蓝天，而其他人当中还有几个基督徒、三个穆斯林和几个佛教徒。他们心怀对铁木真的忠诚，带着对彼此的誓言走到了一起。他们在班朱尼河边许下的誓言使他们建立起了兄弟情义。这份情义超越了血缘、种族和宗教，接近于现代国家中人们基于个人选择和个人承诺而建立起的一种公民责任。

当文明程度极高的畏兀儿人在 1209 年不战而降后，成吉思汗将他们当中的很多官员委派到自己国土的各个领域任职。麦克林恩注意到这是另一个关键时刻：

> 由于他们原有的高超技巧、才能以及文化都已被蒙古人拿来一用，他们的文字也被统治阶层用来充当第一代官方语言，所以他们才会为蒙古帝国在意识形态及精神层面的正统性贡献力量。再也不会有人说这是一个残暴无常、嗜血如命的野蛮国度了。

随着扩张步伐的持续，成吉思汗对于选择何种人加入自己的阵营有了更明确的标准。他重点选拔的是学者、工匠和医生，每千人一旅的部队中都会配备上述人员随行。凭借着中国学者的治国之道取得巨大成功后，成吉思汗每攻克一个城池都会派人将学者带来盘问一番，主要目的就是看看他们是否能胜任空余岗位。在国外工程人员的协助下，他掌握了核心知识，知道该如何打造有史以来技术水平最为过硬的部队。正因为如此，他才采用了投石机和石弩这样的设备。

1227 年，成吉思汗逝世。他死后，继承其霸业的蒙古人沿用了他的跨文化治国理念，收效甚好。蒙古工匠将中国发明的火药和源自伊斯兰世界的喷火器加以创造性利用，放在了欧洲人发明的铸造金属管内，制造了一种令人闻风丧胆的新式武器——大炮。

成吉思汗将其兼容并包的很多做法编入法典。他规定，劫掠妇女和买卖妇女都属于违法行为（尽管他的将士仍然会奸淫战败方妇女或者将她们抢来做妾）。他宣布所有儿童都具有合法身份，因而摈弃了私生子和劣等人种的概念。而且，他大概是有史以来第一位推崇宗教信仰自由的统治者。虽说被征服地区的人民必须效忠成吉思汗，必须遵守蒙古人的普通法，虽说他处死了言论反动的牧师和祭司，但人们还是可以信奉各自信仰的宗教，遵从各自遵从的法律。他是个实用主义者，不是什么狂热分子。

文化杂糅不可避免会带来问题。对于喝惯了马奶酒的蒙古人而言，当他们平生头一回接触到比马奶酒更烈性的含酒精饮品时，包括成吉思汗及其近亲在内的很多蒙古人都变得嗜酒如命。而在权利分配问题上，成吉思汗的去中心化管理模式在他死后引发了一连串问题，因为他允许自己的儿子和他们的继承人将土地分割为不同的可汗领土。麦克林恩写道：

> 从管理视角来看，成吉思汗的决定是正确的。他的帝国疆

域辽阔，高度中央集权制的管理方式很难与之匹配。但是，从人治和政治的视角来看，他的决定又错得离谱。所以也不难想象，这样的分而治之最终会让帝国四分五裂。在蒙古与异国文化融合的过程中，其弊端被进一步暴露了。

然而，它仍然不失为一个伟大的帝国，一个以文化创新为特色的帝国。成吉思汗曾有过被部落首领放逐的经历，因此他能够看到同时代其他统治者乃至当今大多数领导者所看不见的东西。他们只看到一些他们认为该小心翼翼去压制的差异，而成吉思汗看到的却是能够为己所用的才能。

07

商业世界的兼容并包

即使在家，我也戴着所有金链子；
我起自底层，来到了这里。

——德雷克

成吉思汗海纳百川的豪气早已尘封在历史的深处。但是，他兼容并包的思想是否依然能够为你所用，助你改变身边世界的文化？让我们一起来探索一下它潜在的价值，以及你可能走入的误区。

从贫民窟小子到首席执行官

励志典范托尼·罗宾斯说过，你的人生质量取决于你向自己提出的问题的质量。假如你问自己："我为什么这么胖？"那你的大脑会反应："因为我很蠢，缺乏意志力。"罗宾斯的意思是说，如果你思考的是上述这类糟糕的问题，那就会得出一个糟糕的答案，最终度过糟糕透顶的一生。相反，如果你问自己："我能不能尽最大的努力来塑造最完美的身材？"那你的大脑会告诉你："我要吃最好的健康食品，要像专业运动员那样健身，要活到120岁。"

在生活中，我们常常会问："为什么《财富》世界500强企业里非裔CEO寥寥无几？"彼时我们会得到种族主义、奴隶制、种族歧视、社会结构失衡之类的答案。我们或许该问："一个来自芝加哥的臭名昭著的住在廉租房里的黑小子究竟是怎么成为麦当劳唯一一位非裔CEO的？"如果我们想搞清楚兼容并包的文化为什么行不通，那可以提出前一个问题。但我们的目的是搞清楚该如何使兼容并包的文化行得通，那自然应该提出后一个问题。

成吉思汗幼时遭部落首领放逐，但他逆势而起，征服疆域无数，并继而以一种更加讲求平等的方式重新塑造了自己的国度。为达成目的，他杀了同父异母的哥哥别克帖儿，杀了结拜兄弟札木合，还杀了不计其数的其他人。这样的做法在当今世界自然是行不通了。麦当劳前CEO唐·汤普森的成功依靠的是完全不同的一种做法：他自下而上地推行包容政策，鼓励人们加强联盟，而非强加观点于他人。可待到他手握大权后，他所采用的策略与成吉思汗的极其相似。在衡量别人时，他们二者都将对方的出身与肤色排除在外，只看重人本身，以及他们在时机合宜时能够有什么样的作为。

身高 6.4 英尺、体重 265 磅 ① 的汤普森看起来有点儿凶，但他为人随和真诚，你很难不喜欢他。从他的种族观中，你能明白他的亲和力从何而来。他对我说：

当发现自己是参会者中唯一的黑人时，你有两种应对之道。一种是，"所有人都在看着我"，于是你开始往后缩，"他们不喜欢我，他们讨厌黑人"。另一种是，也通常是我的做法，"所有人都在看着我，他们不知道这个名叫唐·汤普森的家伙会有些什么让他们意想不到的经历。我要和他们聊一聊，要和他们增进彼此间的了解，没准儿我们能建立一段不错的友情，最终会成为长期合作的伙伴"。

遗憾的是，我们当中的大多数人被思维定式影响，惯于以第一种方式来应对。一次会议就像是一场游戏。我在尽力了解你，你也在试图了解我。我们能不能成为合作伙伴，互惠共赢？还是说我们将成为敌人？假如你一开始就把会议室里的每个人都当成敌人，那你就输了。你必须调整自己的思维模式，要相信你能给大家带来新的东西、好的东西，带来他们所没有的东西。

---

① 1 磅 ≈ 0.5 千克。

汤普森是由他的祖母罗莎一手带大的，他饱含深情地将自己曾经生活的那片地方称作"街坊"，而不是"街区"。这一微妙的用词差异充分体现了汤普森的价值观——别人眼前的晦暗幽深，在他眼中却能成为郁郁生机。住在卡布里尼－格林的几乎全是黑人。仅有的白人居民包括一个警察、一个消防员，还有一个保险推销员。保险推销员兜售的人寿保险保额刚够支付葬礼的费用。

汤普森 10 岁时，一家人搬去了印第安纳波利斯。他的四邻依然是非裔美国人，但学校里以白人居多。罗莎教会了汤普森和不同背景的人打交道。她本人是中型连锁零售企业 Ayr-Way 的经理，这家店后来被塔吉特收购。她手下的大部分员工是白人，但她对所有人一视同仁，他们也都到她家中做过客。汤普森从她身上学会了一点，人与人有好坏之分，你必须针对每个人的情况去判断他是好是坏。

汤普森在 1979 年进入普渡大学就读时，遭遇了一次意外事件。他回忆道：

> 那是上大学后的第一个晚上。我还在因为来到大学而兴奋不已，一辆敞篷车停在了我跟前，车里的三个白人男子冲我大喊："黑鬼！"
>
> 我愣住了。但这的确是挑衅的信号。谁也别想阻止我在这里完成我本想完成的学业。我见过他们这样的人，都是些白人。但我也遇到过掐住我的脖子想要掐死我的黑人。这对我而言不是什么新鲜事。假如他们想停车，那就停下来，三个打我一个。没问题。要么就接着开他的车，想喊什么喊什么，因为他们的

所作所为改变不了任何事。

他对普渡大学的时光仍心怀感恩。如今，他已是这所大学的校董。

> 你的背景并不重要，重要的是你能不能顺利拿到一个工程学位从这儿毕业。这才是最公平的较量。

1984年毕业后，汤普森在诺斯罗普公司的防御系统部门做起了工程师。刚开始的局面也很糟糕：

> 公司分给我一张办公桌，我自己的桌子！上班第一天，有人就在桌子正中央贴了一个白色的十字。我把它刮了下来，揉成一团，扔进了垃圾桶。接着，我把自己的东西摆在桌上。因为心里一直牢记着祖母的忠告，我就把这件事放在一边，将精力花在建立真正有意义的关系上。

在诺斯罗普工作6年后，汤普森进入了管理层。80年代后期，防御系统部门的重要性有所下降。有一天，他接到一个电话，对方问他是否愿意去迈克·唐纳的公司工作。他想当然地以为是防御系统承包商迈克·唐纳·道格拉斯：

> 当我明白对方是麦当劳时，我的第一反应是，"不必了，谢谢"。我历尽千辛万苦才成为一个电气工程师，祖母也在我身上

投入了大量的心血和金钱，绝不会愿意看着我去汉堡店卖汉堡。他们又派麦当劳公司的另一个人给我打电话，这个人曾经是贝尔实验室的工程师。他说："你来和我们谈一谈又何妨？"这件事也让我吸取了一个教训。如今我总说："除了你的衣领，千万别翻下（拒绝）任何东西。"

汤普森一开始去了工程组，任务是优化一个被称为"油炸曲线"的食物加工过程，以制作出全世界最美味的薯条。所谓的油炸曲线是指薯条在烹制过程中所经历的温度变化。优化这条曲线并不容易，因为薯条进入热油锅时的温度有高有低，有时是常温的，有时则是直接从冷柜中取出。汤普森和他的团队在炸薯条的设备中安装了一个芯片，编制好程序，以确保麦当劳的薯片每一次都能以最佳温度入锅出锅。由于在这件事以及其他一些难题上表现出众，汤普森成了小组中的首席工程师。可后来他差一点儿因此离开公司：

> 麦当劳每年都会给业绩高居前 1% 的员工颁发"总裁奖励"。我在这一年里表现堪称优秀，小组中的其他人都说："唐，今年的工程系列总裁奖非你莫属。"到了颁奖日，我衣着笔挺、仪表整洁地去参会，兴奋之情溢于言表。会上，他们宣布了那年的得奖者。工程部门无人入选。而此前一年我们部门入选了两个人。
>
> 我失落到了极点，心想，他们不愿让一个黑人获奖，他们还没有做好准备来接纳我，我不干了。部门负责人找到

我说："你可能想不通为什么没有选择你。"我说："的确如此。"
他答道："因为我没有把你的名字报上去,我们去年已经有两个
得奖者。"好吧,看来我不光要接受别人的同情,还得自己同情
自己。

我给亲朋好友打电话,告诉他们我要辞职。一个朋友对
我说："我希望你在做决定之前,和雷蒙德·迈恩斯聊一聊。就
当是帮我个忙,去会会他吧。"

雷蒙德·迈恩斯是麦当劳公司的大区经理,负责自华盛顿
州至密歇根州共八大州的业务,同时,他也是麦当劳公司仅有
的两位非裔高层管理人员之一。他来自俄亥俄州,是个真正的
粗线条男人。我见到这位伙计时,他问我:"你干吗要走?"我
说:"很显然,麦当劳不适合我,他们还不能接受我所带来的改
变。"他说:"这么说来,你是因为没拿到那个奖才要走。"他一
语击中要害。接着他又说:"质量管理部门想要你。他们愿意重
用你,干吗不去他们那里干?"他又追加一句:"也许有一天你
可以来我手下干。"

我心想,这大概是我听到过的最傲慢的评价了。然而,雷
蒙德的话在我心里挥之不去。我本期望能得到他的同情,可事
实上得到的只有力量。他的话多多少少地让我从胡思乱想中清
醒了过来,于是我接受了质量管理部门的这份工作。

汤普森成了麦当劳公司质量管理部门四人小组中的一员。其他三人
干的是为高管写讲话稿的美差,而落在他头上的却是带着幻灯片去全球

各地参加会议的苦差事。但是，这项工作使他得以了解并掌握全世界最大规的模餐饮企业的运作方式。他和公司中几乎所有的重要部门都打过交道，对于企业的运作流程、不同部门的次生文化、不同部门之间的关系，以及这套商业模式的点滴细节都了然于心。

> 我得到的是自下而上的底层思维。我们的确可以制定一些目标，比如让员工带着更多的笑容投入工作，或者更努力地干活。但是，去了餐厅后我才发现，有些人在麦当劳干完8小时后，又会去别的地方继续打工干满8小时。要想有效解决这样的问题，你得真正了解员工们经历了什么。

一年过后，汤普森在公司大厅和雷蒙德·迈恩斯相遇，对方大喊一声："你该还我人情了！"他在自己管理的大区内给汤普森设置了一个新岗位：战略规划部主任。接下来的日子里，汤普森跟着迈恩斯一起视察各地，解决地方上出现的问题，制订季度与年度计划。迈恩斯的管理风格不同常人：

> 我会在星期四接到雷蒙德的电话，他会告诉我："星期一在机场见。"我问他："我们去哪儿？去几天？"他则回答："别管去哪儿，就按三天行程安排。"
>
> 我会按他说的如期赶到机场，然后一同乘机飞到某个可能出现经营纠纷的地区。他会对我说："唐，你来处理。"我们目前负责的各个地区都是白人在担任经理一职，一开始他们基本

是这种态度:"唐,滚远点。"但是,我总会想法儿把问题解决掉,在此过程中收获的经验是先前的工作无法带给我的。这份工作让我获得了自上而下的顶层思维。

我曾被委以重任,去帮助区域经理改善他们的经营状态。要知道,假如我径直走过去对他们说出自己的来意,那一定会即刻成为对方的眼中钉。在雷蒙德的教导下,我采用了一种更有效的方法。我会说:"我来这儿是为了尽我所能地帮点忙,绝不是来对你们指手画脚的。我能做的,就是先帮你们看清楚你们与其他区域分店之间的差距,然后协助你们达成目标。"这种方法扭转了整个局面。假如你是一个真心想要伸手帮忙的人,那这些区域经理定会张开双臂拥抱你。这群白人从点滴之处教会了我如何做一名区域经理,也直接促成了我日后被擢升为CEO 的大好前程。

正是在决意辞职后接受的这份工作为他通往 CEO 之路奠定了坚实的基础。认识到这一点,汤普森特意总结了两条经验,供想要成功的少数族裔们参考。

1.不要乞求同情,更不要自怨自艾。

2.除了衣领,千万不要翻下(拒绝)任何东西。机会随处都是。公司让一个电气工程师来研究薯条制作过程中的热力系统,又让他带着幻灯片去四处推广战略规划。汤普森有一千个理由来拒绝这些机会,而正是这些机会把他推到了 CEO 的位子上。

他的艰难上升之路，离不开他自身的努力，也离不开关键时刻向他伸出援手的人，这昭示了他作为麦当劳公司 CEO 的处事态度与兼容并包、多元并存的管理理念。

公司里有女性交流群、非裔交流群、拉美裔交流群，还有男同性恋群与女同性恋群。有一天，我看到一大群白人聚在一起，他们问："唐，我们想问问，有没有人考虑过我们的感受？"我问："什么意思？"他们回答说："你给黑人、拉美人还有同性恋都建了群，可我们呢？我们有没有群？"

大多数人可能会回一句："开什么玩笑？"但汤普森具备一种罕见的禀赋，这使他能够从那些乍看并不敏感的问题或者有些自我中心的论调中发现一丝潜藏的焦虑。他能够听到大多数人听不到的背景信息和说话者的真正意图。

我告诉他们："知道吗？我们需要建一个白人男性群。"他们说："别拿我们寻开心了。"我说："我是认真的。我们关注的是多元并存、兼容并包的一个整体，还是仅仅关注黑人、拉美裔的权利？"重点在于，我们希望所有员工都能做真实的自己，发挥他们最大的优势，而不是通过支持某一个群组来打压别的群组。于是，我们成立了第一个以白人男性为成员的群组。当然，他们并不想用这个名字来称呼自己，于是我们把这个组称作"包容组"。

我请汤普森详细解释一下他的做法。

其他群组的人都以为我疯了。他们说:"有这个必要吗?他们可是多数派。"我告诉他们:"没错,现在,此刻,他们是多数派。我明白。但是你们得问问自己,你究竟在代表谁?你们声称是在为多样性做代言,那好,这意味着这里的所有观点都应该被包容接纳。既然如此,我们就必须将白人也包括进来。你们只有两种选择,要么接纳,要么排斥。"

成立"包容组"之后,汤普森组织所有群组的小组长参加了一次研修。会上,他意欲将近千年前成吉思汗的经验之道传授给大家。不要用对待下等人的方式对待员工。若将员工看作上等公民,他们必会助你征服世界。

在研修的第一阶段,各个小组需先来谈一谈对于其他小组的看法。在花费数个小时聆听一些大同小异的抱怨后,所有人都意识到他们的抱怨是完全没有依据的,因为大家想要的都是一样的东西。他们想要在对话的过程中被看见,被倾听,被接纳包容。最重要的是,他们想要被重视。这正是"包容"一词的关键所在。你看见的是一个黑人,还是看见了唐·汤普森?

假如有效的包容意味着看清别人是谁,那我们如何才能确定自己真的看见了对方?

现代社会的忠诚与精英式管理

很多现代企业推行的其实是一套改头换面的身份制度。一个人的社会地位不再取决于他的出身，而是取决于他是白领还是蓝领，取决于他是否毕业于斯坦福大学或密歇根州立大学。在硅谷，一个人的地位则取决于他是否会写代码。

曾任微软公司全球战略部部长的玛吉·威尔德罗特在 2004 年接过了前沿通信公司的管理大权，之后，她就领教到了现代企业中最赤裸裸的阶层体制。

前沿通信是一家从 AT&T 分离出来的小贝尔公司，主营本地通信及长途通信业务。其员工由两个阶层构成：白领阶层和蓝领阶层。白领阶层主要分布在位于康涅狄格州诺瓦克的公司总部，蓝领阶层则遍布在公司设立于美国农村及郊县地区的 15 000 个业务点。直接与客户打交道的是后者，因此他们代表着前沿公司的真实面貌。然而，管理层却像对待农民一样对待这些蓝领工人，他们甚至从未离开总部前往这些一线阵地，从未认真了解过这些人每天的工作内容。此外，管理层还享受着企业专用医生、专用厨师、专用直升机的特殊待遇，配有 6 名飞行员和自己的停机库。企业已连续数年亏损，但上述情况没变过。

幸好，玛吉足够聪明，足够自信，共情能力极强，是个天生的领导人才。我与她同在 Okta（高科技初创公司）和来福车董事会就职，这两家公司的 CEO 无须旁人多言，自会将玛吉的每一条建议放在心上，因为她的话总是切中要害，这一点大家心里都清楚。

就任前沿公司掌舵人之后，玛吉对我说："所有人都想给我看组织结构图，确保我能清楚每个人的级别排位。我压根儿就没看，因为我很清楚，真正干活的那些人可能根本就没有头衔和职位。"

接下来，为了理清公司业务的开展方式，搞清楚真正干活的究竟是哪些人，她在公司内以及远在外地的市场部广泛调研，听取意见。在逐步形成方案的过程中，她的调研对象正是那些真正干活的人，而不是公司高管。她让这些普通员工谈一谈公司里什么是他们热爱的，什么又是他们痛恨的。之后，她花了点时间思考该如何打破层级壁垒，消除白领阶层和蓝领阶层之间的沟通障碍。

她先拿那些最缺乏贡献力的管理人员开刀。她解雇了医生、厨师和那6个飞行员，把停机库和直升机转手卖了出去，也因此成了当时《财富》世界500强企业里唯一搭乘商务舱出行的CEO。5年后，全体员工第一次享受到了加薪带来的喜悦。

她推崇"我们携手并肩在一起"这一管理理念，为了使这句话掷地有声、经得住时间检验，她知道自己必须用行动说话。但凡出现争端，她无一例外地选择支持一线员工，而不是领导层。实际上，争端本身无关紧要，重要的是工人们能在这个过程中拥有话语权。假如管理层中的某个人不认可"一线员工以及他们所代表的客户永远是对的"这一理念，那他就很难在公司里干下去。

但是，玛吉选择站在一线员工这边来改变公司的局面，并不意味着一线员工总是正确的。

本地市场会有人告诉我："我们没法儿把设备安装到位来让客户满意。"我问他们："你们缺什么？"他们会说："我们没有干活的工具。"就是说没有榔头和螺丝刀。所以我会让他们直接去五金店买来需要的工具，把发票交给技术主管。这样做的目的是让他们停止抱怨，享受自己做主的快乐。

这是个不错的开端，但要想彻底扭转局面，玛吉还得在劳工合同上下下功夫。劳工合同是经企业法律顾问和劳工协会双方协商形成的文件，公司管理层并不介入。她此前没有在配有工会的企业里干过，所以她对于劳工合同的协商形式提出质疑：

> 我们和工会的关系很僵。公司的法律顾问们成天坐着飞机在全国各地飞，扮演着讨人嫌的角色。工会成员为康涅狄格州公司总部的总经理工作，因此我提出让总经理和工会成员直接对话。这样一来，那些以安电话、修电话为生的工会成员最终也得到了和其他人一样的补偿：可以享受分红和优先认股权。作为回报，他们在医保共付额上做出了些许让步。由于有了共同的目标和方向，我们成了齐心协力、相互信任的同行者。工会里的人开始说："我们一定能把这份工作干得更好，让这家公司发展得越来越好！我们一定能做到！"

"我们携手并肩在一起"这一理念应该是双向的。为了和有线通信公司竞争，前沿公司开始推出收费电视服务和按次收费业务。但是，在收购威瑞森的部分股权之后，前沿公司发现，此前在威瑞森工作的员工中有 46% 的人都是有线通信业务的客户，并没有选择前沿公司的产品。

> 我对威瑞森公司的这些前员工说："我们得联起手来赢得市场。我之所以收购你们公司，是因为你们公司价值不菲，而在座各位就是这笔价值中的一分子。但是，可能大家还不太清楚我们共同的对手是谁。那就让我来明确告诉各位，对手就是有线通信行业里的那帮家伙。我知道，你们当中有 46% 的人每个月都会给有线通信业务开出一张支票来交纳你们的通话费。现在我告诉你们，我不会再在这样的支票上签字。给你们 30 天的期限，解除与有线通信公司的业务往来，改用我们自己公司的。否则的话，你只能走人。"话音刚落，只听见怨声一片。我接着又说："我们在此携手同行，但重要的是，你得清楚自己该忠心于谁。要么忠心于我们，忠心于这样一份稳定的工作，一份公司还会持续为之投入资金的工作，要么忠心于别人。请做出你的选择。30 天限期一到，如果你仍然是有线通信公司的用户，那就不必再在这儿干了。"

"几乎所有人都选择了我们，那些没有照做的人的确被解雇了。"那些听从指令的人如今已成了玛吉手下的新一批精英。

文化转型用了数年时间，但是公司也从中得到了一些额外的收获。玛吉执掌前沿公司的十几年间，工会从未掀起罢工。另外，此前那个体制不全、萎靡不振、年利润在 30 亿美元的区域性小贝尔公司已经面貌一新，成了一家全国性的宽带服务商，业务遍及 29 个州，年收益达到100 亿美元。

玛吉打破了公司原有的等级壁垒，培养了忠心耿耿的员工，并且放手让他们发挥最大潜能。她的所作所为为她赢得了一个绰号——人民的 CEO。

包容的要诀：看见他们

兼容并包是一项巨大而复杂的工程，我还没有能力解决与之相关的各类社会问题。我关注的是，你如何将成吉思汗、唐·汤普森以及玛吉·威尔德罗特等人的方法应用到你的公司，使其具备更强的竞争优势——有能力招揽到最佳人才的竞争优势。他们三人的见识绝不仅限于体察民族的、种族的或者性别的多样性。他们对于认知多样性与文化多样性同样有着深刻的领悟。他们了解人在处理信息、思考问题、交往时具备各不相同的方式与特色。他们关注人们的本色，从而清楚自己能为对方做些什么。

成吉思汗的兼容并包理念有三个关键因素：

1. 为推进这一理念，他身体力行，甚至让自己的母亲收养了战败部落的孩子，为的就是让部落融合的观念深入人心。

2. 他先明确自己需要配备齐全的职业类别——骑兵、医生、学者、工程师，然后再广觅良才来从事这些工作。他认为术业有专攻，人各有所长，不是每个当官的都是管理高手。

3. 他不仅竭力保障战败区的人民能得到公平对待，而且还以收养及通婚等形式为他们赋予血亲身份。他们不是通过以公平为要义的某种特殊名义加入蒙古帝国的，因而能够体验到真正的公平，也对成吉思汗和他的蒙古帝国抱有更多的忠诚，这份忠诚甚至超过了他们对待旧主的那份忠诚。

与之相比，在很多现代企业中：

1. CEO 们将兼容并包的任务安排给各个"多样性负责人"。

2. 这些多样性负责人的任务是，站在各自立场而非公司全局的立场做事。所以，他们的注意力往往放在如何维护某个种族或某个性别群体的利益上，而非打破壁垒，从形形色色的人当中寻觅最佳人选。

3. 公司往往将多元文化相融合一事交给外面的咨询顾问负责，这些人对于公司的发展目标常常一无所知。这就意味着，公司不再花心思将自己打造成一个更能吸引新员工的工作场所。造成的结果是，尽管招聘人数在上升，但员工满意度却在下降，新员工流失率持续增加。

落实兼容并包理念的关键在于看清楚人的本质，哪怕他与你肤色不同、性别相异，但基于肤色或性别来招募员工自然与你的初衷背道而驰，因为你从中看见的不是他本人，而是他的外壳。

这一点看似显而易见，但是理解起来并不容易，因为，假如你要招募的对象与你肤色或性别相同，那你会觉得万事大吉。你们若同为女性，那么后续合作中不会出现什么问题。可假如一个男性主管招募了一个女性员工，那么他极有可能会更多地关注到她是个女人，而忘记关注她究竟是个怎样的人。大多数从事此类工作的人都属于多数派，是被包容的群体，因此他们往往会忽视这一点。正因为如此，将女性或少数族裔招募至高层管理岗位通常能加速你公司内兼容并包理念的落实。

良好的初衷，如果不在事前及事后加以细致的筹谋，往往会导致灾难。几年前，我的朋友史蒂夫·斯图尔特和我聊到他的音乐生涯。那算是一个相对多元并包的领域。他怀念起自己担任索尼城市音乐公司CEO的日子，接着又抱怨自己的头衔可笑至极。他说："人们不能叫我黑人音乐总裁，因为这有人身攻击之嫌，所以公司被命名为城市音乐，但真正的问题并不在这儿。我们叫'城市音乐'，因此我只能在城市中推广，就好像压根儿没有黑人生活在农村一样。"他又说，就算当初被命名为"黑人音乐"也无济于事："我们有迈克尔·杰克逊。看看白人有多么不喜欢迈克尔·杰克逊？这不是黑人音乐，这只是音乐而已。"

许多公司做不到成吉思汗式的管理，实施的是"城市人力资源"管理体系。他们在公司里设立了专门负责员工多样性的部门，就好像女性、非裔、西班牙裔与白人、男性、亚裔之间有本质差异一样。假如一个人只听某一种民族的音乐，那他可能根本就不懂何为音乐。假如一个老板只聘用某一种族或某一性别的人才，那他可能根本就不了解何为人才。我也是最近才认识到这一点的。

在创办安德森·霍洛维茨公司数年后，我对公司以及其他技术领域一流公司的组织模式做了一番研究。结果一目了然。所有公司的组织模式似乎都是以负责人为风向标的。假如负责人是女性，那么女性员工的比例一定不会低。假如负责工程部门的是一位华裔高管，那么这个部门里华裔工程师绝不在少数。假如负责营销部门的是一位印度裔高管，那么整个营销部门都有可能是印度人的天下。为什么？因为招聘标准中就是这样规定的。人们熟知自身的优点，并高度重视这些优点，所以在面试时总会以此为标准寻觅人才。

我公司里的每个部门都存在这样的现象。营销部门主管是一位女性，有一支娘子军为她效力。我问过她，为什么男人很难在她那儿谋得一份工作，她的选人标准是什么。她告诉我，"乐于帮助他人"。我一时无语。对啊！我们是服务型公司，公司每一个岗位的招聘标准中原本就该包含这一条，而我作为公司创始人，竟然一直都没意识到。一叶障目，导致我没能看清我们所需的员工究竟该具备什么条件，因而错失了那么多优秀人才。

来自不同文化背景的人往往会给公司注入新鲜的血液。他们各有所长，人际交往的风格及其他方面都独具特色。在以"乐于帮助他人"为标准筛选人员的过程中，我们发现女性的得分更高（当然，不排除男性中也有善于助人的）。为了考核候选人在这方面是否达标，我不得不对考核方式另做打算。一种是了解他们是否参与过志愿者的服务工作。那些乐于助人的人往往会主动参与此类工作。另一种是观察他们在面试时的表现。那些愿意向他人伸出援手的人会更愿意聊聊面试官，而不是一个劲儿地聊自己。他们更多地了解面试官之后，会关注对方的需求，并且乐意为之提供帮助。

同样，当我们考核求职者的人际关系能力时，非裔员工的得分更高。在考核时，我们会通过求职者在面试时与我们建立的关系做判断——面试完某个人之后，你是否想和他再多聊一阵子？有个非裔小伙子在这一点上表现得很突出。事实证明，他后来成了美国国内奶酪蛋糕业界小费收入位居第一的服务生。在与他人快速建立关系这件事上，他绝对是个高手。如果你在人才库中找不到合适的人才，先别急着另辟蹊径，试着修正一下选拔人才的过程和方式，以免因盲目让你错失良才。

我知道，要想与最高水平的对手竞争，我们必须改变人才选拔流程。和许多公司一样，我们原有的招聘网络是在员工的人脉基础上构建起来的。所以，我们首先得拓宽人才渠道。举例来说，为了构建非裔人才网，我们专门邀请了一些非裔高层参加活动，比如博纳德·泰森（美国凯撒健康计划及医疗集团 CEO）、朱迪·史密斯（危机公关经理，电视剧《丑闻》的策划人），还有肯·科尔曼（硅谷知名高管）。同时，我们还与非裔美国人负责的技术机构建立了往来，如 /dev/color/（以提高黑人工程师就业机会为宗旨的非营利性机构）、NewMe 和 Phat Startup。

第二步，我们对招募过程做出了调整。部门经理想要增加新人的话，必须请一个与他本人特长不同、特质不同的人（比如退伍军人、非裔美国人，诸如此类）来审核他的招募标准，并请对方就该招募什么样的人、以何种方式考核候选人等问题给出建议。例如，男性主管——而非女性主管——很容易忽略一个用人标准：提供反馈的能力。女性更愿意与合作伙伴面对面地来一场艰难的对话，而男性则常常避而不谈，直至事态变得不可收拾。招募过程中，我们还要确保一点，那就是面试团队的成员构成必须具有多样性，以便我们能更全面地衡量候选人。

新的工作流程并不完美，但可以肯定的是，新的要比旧的好。目前，公司 172 名员工中，女性占了一半，亚裔占 27%，非裔和拉美裔占 18.4%。如果我们冥顽不化，依然坚持在招聘形式上走老路，那他们当中的许多优秀者可能会被我们错失。

公司不仅在员工数量上有了提升，更重要的是，公司的文化凝聚力大大增强了。我们以"乐于帮助别人"为用人宗旨，因此也将这一品质放在了首位，对拥有这一品质的人更是爱护有加。我们看到的是他们的本质，而非他们的外表。

在面试新人时，你很容易看重那些你想要看到的品质，而忽略那些你不想看到的品质。在招募新人时，你因为他是个非裔而聘用了他，这就意味着你的决策中掺杂了种族的因素，你的企业文化也会因此掺杂进种族主义的因子。如果某人是被"城市人力资源部门"招进了公司，那所有人都会记住这个事实。当事人也一样，他会被他人质疑，只能一次又一次拼命证明自己的能力。只有基于相同的标准招聘人员，企业文化才会健全，每个人的本色才会凸显，每个人带给企业的独一无二的贡献也才会被看到。

08

你做了什么决定你是谁

我不希望你成为我，你只需做你自己。

——钱勒斯·乔纳森·本内特

要想打造你向往的企业文化，第一步就是搞清楚自己想要的是什么。个中道理浅显易懂，但真要做到并不容易。当令人眼花缭乱的无数个选择摆在你面前时，如何才能确保你做的选择能够赋予你的企业竞争优势？能够助你将企业打造成令你自豪的模样？并且，最重要的是，如何确保你做的选择能够被付诸实践？

你需谨记以下几点：

- 无论你的公司是刚刚起步还是已走过百年，文化始终是不可或缺的。文化与孕育这份文化的机构一样，要想应对新的挑战，必须苟日新，日日新，又日新。
- 所有的企业文化都是雄心勃勃、志存高远。我曾与数千家公司打过交道，没有哪一家能够在文化问题上做到百分之百达标与一致。但凡是一家稍具规模的公司，总少不了一些违背文化规则的人与事。不要期望完美，关键在于今天是否比昨天做得更好。
- 尽管你可以从其他企业文化中借鉴一些经验，但千万别原样照搬。要想让你自己的企业文化充满活力且可持续，那就必须使它展现你自己的风骨。

做自己

成功打造企业文化的第一步就是做你自己。这一点其实是知易行难。

篮球运动员查尔斯·伯克利在 1993 年曾经语出惊人，"我不是榜样。我会打篮球并不意味着我有义务帮你教育孩子"。很多人认为这句话很妙，耐克公司还以此为灵感制作了广告宣传片。宣传片收获铺天盖地的好评后，有记者采访了伯克利的队友哈吉姆·奥拉朱旺，问他是不是同样"不是榜样"。奥拉朱旺的回答是，"我是榜样"。

他解释道，查尔斯·伯克利是一个在私人场合与公众场合表现完全不同的人。双重人格常让他感到极大的压力，所以他总在寻找一种解压的渠道。他认为自己并不是 NBA（美国职业篮球协会）希望他成为的那种人，所以在参加社交活动时常常会表现得和私底下完全不一样。奥拉朱旺认为自己恰恰相反，他私下和在公开场合都是一个样。因此，他算得上是个榜样。

这个报道揭示了身为领导者所应具备的一个关键能力：你必须做真实的自己。其他人对你会有这样或者那样的期待，但假如你总是把别人的想法强加到你自己的信念或人格中，自身的那份独特魅力会消失殆尽。若依照别人的标准去活，那么你不仅没有能力领导别人，而且还会因为别人要朝你看齐而感到羞耻。查尔斯·伯克利的那句话其实是说，"别朝我看齐，就连我自己都不喜欢自己"。

置身于聚光灯下，管理者很难保持原有的自我。比如，有一位名叫斯坦的同事，因表现优异被提拔至经理岗位。他先前的同事们都为他高兴，但是斯坦却自此变成了"经理斯坦"，像是变魔术一般。他认为自己必须树立权威，因此不再像以往那样和对方正常交流，而是以一种试图用权力给对方留下深刻印象的方式对待他人。这样的斯坦没人喜欢，也没人尊重。

在 CEO 层面，此类问题显得更为微妙。很多 CEO 都会以某个成功领导者为榜样，但他们既没有真正领悟榜样的思想，也没有切实采纳榜样的做法。举例说明，某位 CEO 可能从书中了解到通用电气公司总裁杰克·韦尔奇的"末位淘汰制"（根据该评估体系，所有员工均需接受业绩排名，排名最后的员工将被解雇）。这位 CEO 打算参照执行。当他把这个计划告诉手下的经理们时，其中一人说："我们的招聘流程非常严苛，能够成功入职的都是业内的顶尖人才。即便是排名倒数 10% 的员工，也足够优秀。"CEO 想了想："的确如此，不瞒你说，招聘流程就是我定的。"

如此一来，这位 CEO 陷入了两难境地。他即便心里没底，也会固执己见，还是会冒着被人诟病行事不果断的风险当场调整方案？无论怎么做都是个败局，皆因为他想成为杰克·韦尔奇。假如一个人不能做自己，那即便是他自己也不会听从号令。

CEO 们常常会听到董事会成员诸如此类的言论："我在其他公司也担任董事一职，我认为你的财务总监不如其他公司的。"这种事情很难应付，因为 CEO 也许并不知道其他公司的财务总监是何方神圣，他不可能当面了解并两相比较。那他会如何回应？通常情况下，CEO 会跑去提醒自己的财务总监，让他在董事会面前好好表现（这种做法当然是错的）。

这样的 CEO 想方设法要满足董事会成员的需求，但还是满足不了，因为他自己没有任何主见。他的财务总监也会不知所措，因为他不知道自己究竟做错了什么。为了让上司满意，他只能尽力改变自己，违背自己的本性，最终却丢掉了所独有的领导魅力。

CEO 应该这样回复董事会成员："很好，请告诉我为什么你觉得其他公司的财务总监比我们的好。同时，请引荐对方给我认识。"接下来，CEO 应该花些时间接触那些财务总监，看看对方是否在技能上高出一筹，然后——最关键的——就这些技能对于自己公司的重要意义做出判断。如果这些技能举足轻重，且本公司财务总监与其他公司同行之间的差距的确存在，那么他可以回去将实情告知自己的财务总监，对他说他已无法继续胜任这个岗位。CEO 可以听从自己内心的声音。同样，假如他不赞同董事会成员的观点，他也可以用事实说话，坦诚相告。

身为领导者，你要面对的首要法则是，不是所有人都会喜欢你。若是心存让所有人都喜欢你的妄想，那只会让事情变得更糟。对于这一点，我深有感触，因为的确不是所有人都喜欢我。坦白说，我敢肯定读者朋友此刻一定在想："那个白人老头儿以为他是谁？竟敢用钱勒斯·乔纳森·本内特的歌词作为题记？"无所谓。我不是刻意耍酷，我只是在做我自己。

CEO 如何调整自己

CEO 们总有一些性格特质是他不想体现在公司文化中的。仔细想想你自己有些什么性格缺陷，而这些缺陷又是你不希望融进企业文化中的。若不这么做，恐怕你会因"以身作则"这一条吃尽苦头。

我个性中与软件企业不尽和谐的一面表现在我对于谈话的态度上。我喜欢漫无边际、无拘无束地聊天（这种习惯在风险投资行业倒是更合宜）。给诸位朋友一个建议：假如给我打电话，你最好主动挂电话，否则我会一直和你聊下去。

要让一个大型机构在诸多任务中保持工作节奏的一致性和指令执行的精准性，你得用心筹划，但又不可能事必躬亲。你没有时间在每一次谈话中对每一件事情的每一个细节都追根究底。这时，我爱东拉西扯的毛病——我依然认为这是好奇心的体现——就会成为严重的缺点。为了不让企业文化受制于此，我采取了三个措施：

1. 我会专找那些与我个性完全不同的人。他们常常会尽可能快地结束对话，然后投身去做下一件事。

2. 我制定规则来自我管理。如果某次会议没有附以明确的书面议程和预期结果，那会议就会被取消。

3. 我向公司全体宣布，我们召开会议要以高效为宗旨。也就是说，在会上讨论那些我并不乐意落实的事，然后尽全力把这些计划付诸行动。

我个人风格中低效的这一面依然时常让公司受累，但大多数时候我们能够合力战胜它。

落在实处

一旦你能轻轻松松做自己，这种特质就能逐步体现在文化中。迪克·科斯特洛出任推特 CEO 时，他的顾问比尔·坎贝尔开玩笑说，你若是在下午 5 点引爆一个炸弹，那遭殃的可能只有清洁工。科斯特洛希望能将懒散的风气扭转过来。他本人克勤克俭。每天晚上与家人共进晚餐后，他还会返回公司工作，以确保每一个正在加班的人在需要他的时候能够找到他。没过多久，越来越多的员工开始把更多的时间投入工作，工作效率也有所提升。假如科斯特洛不是一个能长时间投身工作且工作高效的人，那他扭转公司风气的目标永远不可能实现。

若你出于本能和自觉去做一件事，那么保持言行一致就容易得多。在我还是个初出茅庐的年轻经理时，书面反馈意见比口头反馈意见对我更奏效（尽管谁都看得出我更喜欢闲聊）。我乐意自己动手写报告。担任 Opsware 总裁时，我认为书面建议是企业文化的重要组成部分。假如我痛恨写东西，那么这条标准可能根本就推行不下去。

一家企业的文化应该反映领导者的情感态度。无论你想要的是一种什么样的文化——学习氛围浓厚的文化、崇尚节俭的文化，还是人人都视加班加点为常态的文化，你必须自觉自愿地身体力行，否则只会无功而返。假如你倡导的文化和你日常的所作所为背道而驰，那么公司会以你为榜样去发展，所谓的文化只会成为摆设。

文化与战略：谁说战略是文化的早餐

彼得·德鲁克有句名言："文化把战略当早餐。"真是句妙语，我爱它，但不认可它。之所以爱它，一是因为它带有明显的反精英色彩：管他高层说些什么，重要的是人们在做些什么；二是因为德鲁克的这句话将文化摆在了一个前所未有的重要位置上。然而，文化和战略其实并不是竞争对手。谁也不可能吃掉对方。说真的，要让文化或战略任何一方蓬勃有生机，它们就必须相互融通。

成吉思汗的军事战略几乎要求所有人扮演相同的角色：自给自足的骑兵。因此，他那以讲求平等为核心的文化与其战略需求相得益彰。沙卡·森格尔的战略是组建一支规模不如竞争对手，但成员精英化程度更高的队伍，因此，他以兄弟之情为核心打造文化，令那些人数占上风的团伙望尘莫及。

在杰夫·贝索斯制定的亚马逊公司长期发展战略中，低成本结构是一个关键因素。所以，其崇尚节俭的企业文化不无道理。

而对于苹果这样的公司而言，其战略定位是设计生产全世界最精美的产品，因而提倡节俭会适得其反。事实上，约翰·斯卡利当年差一点毁掉苹果公司，因为他解聘史蒂夫·乔布斯的理由多多少少与对方缺乏成本意识有关。要清楚一点，不是所有美德都适用于你的公司。

假如你想打造全世界革新速度最快的公司并以此作为你的战略优势，那么脸书早期的口号"出奇制胜，破除陈规"就很适合你。但假如你是造飞机的空中客车公司，那还是离这一条远点儿。

你要选择的，是那些有助于你的公司达成使命的东西。

次生文化

　　若是我能断言每家公司只有一套毫无争议的文化，那么本书可能会简练得多。只可惜，任何一家稍具规模的公司都会在主要文化周边衍生出许多次生文化。

　　次生文化之所以出现，通常是因为公司各部门之间存在太多的差异。不同的职能要依靠不同的技能，从事销售、市场规划、人力资源以及工程技术的人员往往来自不同的学校，学过不同的专业，有着不一样的个性特征。凡此种种都会导致文化的变异。

　　在技术行业，最明显的差异体现在销售部门与工程部门之间。身为工程师，你得知道一切是如何运转的。假如你的任务是给某个产品增添一项新功能，那你就必须对该产品的信息了如指掌。你得时不时地同写代码的人谈一谈，从其口中准确了解他的设计思路，了解所有部件之间是如何发生关联的。那些在交流过程中词不达意、语言晦涩、缺乏线性思维的人很难适应工程部门的工作，因为他会出现很多疏漏。

　　而身为销售人员，你必须掌握真相。顾客是否有足够的经济实力？你在竞争中是领先了还是落后了？你的目标机构中谁会支持你，谁又会诋毁你？有经验的销售人员常说，"买家从不说真话"。这是因为，出于各种各样的理由，买家很少会主动说出实情。他们可能很乐意当你的座上宾，与你吃吃喝喝；或者只是利用你来坐收渔翁之利；也或者他们仅仅是很难开口拒绝你。就像美剧《24小时》中的杰克·鲍尔审问恐怖分子一样，你必须从顾客身上挖出实情。在销售界，如果你只是根据表象做判断，那你是干不长的。

若是你对一个工程师发问，那他会本能地用尽可能精准的语言来回答你。如果是对一个销售人员发问，那他会认为这个问题背后一定隐藏着别的问题。假如顾客问"你们的产品是否有某某性能"，一个合格的工程师会直接回答"有"或者"没有"。而一个合格的销售人员会先在心里飞速盘算，"他为什么会问这个？哪家对手的产品有这个性能？嗯，他一定是打算和我做这笔买卖了。我还得再多了解点儿情况"。于是，他多半会问："您为什么这么在乎某某性能呢？"

以问代答，这样的做法会让工程师抓狂。他们希望尽快得到答案，然后回去接着干活。但是，若他们希望看到自己研发的产品获得成功，若他们希望依靠优秀的销售人员将产品推向市场，以便他们能毫无后顾之忧地继续为公司效力，那就需要对这种文化差异多加包容。

在运营良好的机构内，工程师会因为产品的品质而得到奖励，至于产品所带来的最终收益，则往往不直接与其效益挂钩，因为市场风险是不受他们控制的。优秀的工程师乐于探索创新，常常以给副产品写代码作为消遣。因此，营造一个舒适的工作环境，使他们乐意在其中加班加点，这是非常必要的。工程部门的典型文化标记通常包括衣着随意，较晚开始一天的工作，很晚才结束工作。

优秀的销售人员则更像是拳击手。他们从工作中能体验到愉悦感，但绝不会把在周末推销软件当成消遣。和职业拳击一样，销售工作就是以赚钱、击败对手为目标，没有奖励就不参赛。因此，销售部门更关心佣金、销售大战、总裁俱乐部，以及其他一些以奖励为宗旨的补偿形式。

销售人员代表的是公司的对外形象，所以他们有必要穿着得体、按时到岗，以便在客户到访时他们能及时接待。优秀的销售文化具有高竞争性、高积极性、高回报性等特点。当然，最后这一点仅指结果。

尽管每家公司都想在文化标准上融入一些核心的、通用的元素，但将企业文化中的每一条都毫无例外地强加给所有部门并不是明智之举，因为这会打压某些部门，而成全另一些部门。比如，"我们以客户为上帝""好点子不分级别""竞争为先"等原则可以是公司层面的通行文化准则，但是"着装随意"或"我们只关注结果"却只能代表次生文化准则。

你想要哪种员工

在思考如何打造你的企业文化时，不妨先想一想你想要的是哪种员工，你最看重员工身上的哪种德行。将你看重的德行作为选拔员工的标准，这一做法体现了武士道精神中的一个重要概念：德行必须通过行动来检验，仅有信念是不够的。因为，相信我，人们在面试过程中要假装抱有某种信念并不难。相反，如果你希望根据某个人的具体行为来决定是否录用他，那可以从个人证明材料中找一找相关记录，甚至可以在面试过程中当场检验一下。

将用人标准作为企业文化的一个重要组成部分来看待，其意义非同寻常，因为你聘用的人对于企业文化的影响力要超出其他任何因素。帕特里克·科里森是 Stripe 公司的联合创始人兼 CEO，他告诉我：

> 坦率地讲，决定企业发展的往往是最初聘用的那 20 个人。因此，你希望拥有什么样的企业文化和你想雇用什么样的人在某种程度上是同一个问题。

Slack 公司联合创始人兼 CEO 斯图尔特·巴特菲尔德曾说，当他按照他所期待的员工类型打造企业文化时，公司的状况出现了戏剧性的改变。

我们的价值观十分有原创性，包括童趣心、团结精神等，但它们无法有效地指导行动。我们在试着找一些能帮我们做判断的新标准。

随后，我想起了我与苏雷什·肯纳的一番谈话，他在AdRoll负责销售工作。他提到的一点，我深以为然。在招募员工时，他的标准是聪明、谦逊、勤勉，有合作精神。

这些正是我们需要的。当一个人同时具备这四个品质时，其价值尤为可观。但是，若他只具备其中两个品质，那结果可能会是灾难性的。假如他聪明且勤勉，但不谦逊也不善与人合作，或者，假如他谦逊且善于合作，但既不聪明又不勤勉，那就都不是理想人选。

他对于好员工或好候选人的标准比起我们的更具操作性——童趣心和团结精神很难在面试中被检验出来。于是，我开始从这四条着手：

1. 聪明。并不是指高智商（尽管智商也很重要），而是指乐于学习，对好的做法会积极采纳。我们希望让尽可能多的东西为我们所用，以便能将注意力放在需要人类智慧与创造力的为数不多的事情上。适合检验此项品质的面试问题可以是这样的："请说说你最近为更好地完成工作所做的一件有意义的事。"或者是这样的："你在哪件事情上已经实现了自动化？公司里的哪一个工作流程是你认为应该改革的?"

2. 谦逊。我不是指温顺或者毫无抱负。我指的是史蒂芬·库里所具备的那种谦逊。假如你足够谦逊，人们会希望你成功。假如你自私自利，那人们巴不得你栽跟头。谦逊还会赋予你一种自我觉知的能力，以便你能真的学到东西，成为聪明人。谦逊是一切的根基，也是开展合作的基本前提。

3. 勤勉。并不是说要你加班加点地工作。你当然可以按时下班去照顾家人，但在工作岗位上时，你必须遵守纪律，有专业精神，并且要高度专注。此外，你还应该具备竞争意识，有决心，有想法，有韧性，够坚毅，把这份工作当成完成你人生中最精彩篇章的一个契机。

4. 有合作精神。不是唯唯诺诺，毕恭毕敬，事实上，恰恰相反。在我们的文化中，有合作精神意味着无处不在的承担。假设我负责会议期间的医疗保障，如果有人不信任我，我会着手去解决；如果目标不清晰，我会着手去调整。我们都热衷于不断完善，想要做得更好，而每个人都应为此负责。假如每个人都能做到这一层面的合作，那么团队工作成效的责任就会分摊在大家头上。善于合作的人都知道，成功与否受限于能力最差的那个成员，所以他们要么去帮他提高，要么与他来一番严肃的谈话。这一条品质很容易从证明材料中得到证实，在面试中你可以这样问："说说你在上一家公司是否遇到过不合标准的东西，你又是如何协助解决的？"

具备所有四个品质的人无疑是 Slack 的完美员工。

在你对于员工素质做出明确规定之后，下一个问题是，该如何将其落在实处。亚马逊公司曾派专人担任"抬杠者"。这些"抬杠者"的任务是检验候选人在面试时是否能够理解公司的领导原则，是否能够适应公司的文化。重要的是，这些人既非隶属于招聘团队，更不是候选人的亲信，他们的主要使命纯粹是基于文化本身。将这一角色摆在首要位置有两个好处。其一，对于文化适应性进行了明确的检验。其二，也可能是更重要的，向每个候选人发出了一个信息：在亚马逊公司，企业文化的地位是至高无上的。

安排得当的话，一场基于企业文化的面试并不会花太多时间。PTC是一家注重销售工作的计算机辅助软件公司。我们Opsware的销售主管兼文化变革者马克·格兰尼曾就职于PTC，他总是夸赞这家公司是多么善于做销售，这让我很恼火，于是向他问个究竟。他说："是这样的，从面试时就很不寻常。我去面试时，面试官是主管销售的副总裁约翰·麦克马洪。差不多有5分钟的时间，他一言不发，然后他问我，'如果我现在朝你脸上打一拳，你会怎么办？'"

听到这儿，我大惊失色："什么？！他想知道朝你脸上打一拳，你会怎么办？真是疯了！你怎么说的？"

马克说："我问他，'你是在考验我的智力还是在考验我的勇气？'麦克马洪说，'都有'。于是我告诉他，'那好，你最好一拳把我打晕过去'。他说，'你被录用了'。就在那一刻，我意识到自己来对了地方。"

麦克马洪是如何在这么短的时间内做出决定的？三言两语的简短交流其实已经让他判断出了马克是否适合自己公司的文化定位：在面对挑战时不丧失信心，善于仔细倾听，有勇气弄清楚为什么会出现这样一个问题——最重要的是，有竞争意识。

强大的文化之共同点：你所做的一切必须有意义

你打造的文化应该满足你公司的特定需求，但实际上所有公司都有一个共同需求。这个共同需求虽然没有被哪家公司明文列出，可若是没有它，那公司怕是难以走向辉煌。

员工们总爱问此类问题："我做的一切有没有意义？是不是重要？能不能让公司往前迈一步？有没有人看到我的付出？"而管理层的重要使命之一就是确保对上述所有问题给出肯定回答。

所有企业文化中最重要的一条就是员工在乎。在乎自己的工作是否干得好，在乎承担的任务是否有分量，在乎自己是否尽到了公民应尽的义务，在乎公司的未来发展是否一帆风顺。因此，你的企业文化成败在很大程度上取决于什么样的行为会得到奖励。当员工为谋求改变而更努力或者更有创新力时，如果总是遭遇官僚作风，优柔寡断或漠然的态度，那企业文化一定会被撼动。相反，当员工因推动公司发展而得到认可或奖励时，企业文化一定会被巩固。

Opsware 在 2007 年被惠普公司收购，此后，我出任了惠普软件部门的总经理。作为一个外来者，我首先做的就是尽可能多地与员工开展一对一式的会谈。很快，我就从中发现了问题，似乎没人关心自己在干什么。就连这样一些问题，比如"我能招聘这个人吗""我能挑一个工具来开发软件吗""我能给工作台上方的灯更换一个新的日光灯罩吗"都没人给员工最简短的回答。

在惠普，员工对工作不上心，还因此得到了奖赏。公司实施了一系列堪称无情的成本削减策略，带来了可观的短期回报，但长远而言，这对企业文化造成了重创。所谓的"在家上班"一族实际上什么活儿都没干。2010年，公司易帅，新任CEO万万没想到的是，公司里的办公椅比总部统计的员工人数少了15 000张，也就是说，有15 000人从没上过班，而其他人也从未注意到。那些老老实实来公司卖命的人却被扣上了办事不利的帽子，还得因此继续承受下一轮的成本削减。

记得当时我心想，如果连这么简单的问题都解决不了，那还有什么必要兴师动众让大家伙儿来上班？于是我向数千名员工做出了一个承诺："如果你遇到了问题，不知如何决断，而你的上司又给不了你答案，来找我，我会在一周内回复你。"仅是这样一个小小的姿态，就立刻转变了优秀员工们的态度。几周的时间里，我们从一种"做不到"的文化转型成了"做得到"。

我很希望这一举措能为惠普带来新生，可惜没有。当过多年CEO之后，我意识到自己很难再为其他人打工。于是，不到一年，我就离开了惠普，而惠普也变成了如今这个样子——最终为了重获活力不得不拆分。

假如你的机构无法决断，无法快速批准某项措施，或者在该体现领导力的地方毫无作为，那么你聘请再多的优秀人才、花再多的心思去打造文化都无济于事。你的企业文化会被视为冷漠无情，因为你一直在纵容冷漠无情的行为。假如我勤勉肯干，而我的同事好吃懒做，但我们对于公司的价值却一样，那么他很显然就会成为人人效仿的对象。

让文化标准行之有效

很多文化标准因为过于抽象而失去了效用。例如"正直"，你能说得清正直的人会如何做事吗？当鱼和熊掌不可兼得时，正直的人是会将按期交货放在首位，还是会将顾客看重的产品质量放在首位？

以下问题有助于检验文化标准是否有效：

- 这条标准能否被付诸行动？武士道精神强调，文化不是一套信仰，而是一系列行动。你的文化标准能够以何种行为表现出来？比如，你是否能将同理心体现在行动中？如果能，那它就是有效的。如果不能，那你最好另做选择。

- 这条标准是否能使你的公司文化独具一格？虽然不是所有文化标准都有此作用，但如果同一领域的其他企业也推崇相同的标准，那你就不必大费周章去特意凸显它。假如你在硅谷经营公司，那就没必要将"着装随意"这一条刻意摆出来，因为"着装随意"是这里的常态。但是，假如你管理的是一家技术公司，而你希望所有人都能穿西装，系领带，那么"着装随意"倒不失为一条重要标准。

- 假如用这条标准检验自己，你是否达标？

任职初期，Okta 公司 CEO 陶德·麦金农就在最重要的文化标准上遇到了考验。

在 2009 年与人合伙创办 Okta 之前，麦金农曾任 Salesforce.com 公司工程部门副总裁。对于那些已经转向依靠云服务的公司，Okta 提供安全身份系统。当时，在云端提供服务尚属新鲜事物。但是，在见证了 Salesforce 的爆炸式发展后，麦金农预感到类似的应用程序还会源源不断地涌现，比如营销自动化、法律程序、客户支持等。基于云服务的公司将不得面对这样一种管理挑战：员工会借助数百种其他人开发的平台开展工作。如果你想解雇某个人，你如何能确保公司的各个平台已经彻底向他关闭大门？ Okta 当年首先要解决的就是这个问题。

每位客户都得依靠 Okta 管理自己公司数百个甚至数千个平台中所有员工的身份凭证。假如 Okta 系统瘫痪，那么即便是出于维护系统的需要，员工也无法获得重要数据。更糟的是，如果 Okta 被黑客攻击，那它的所有客户都会被攻击。唯有得到客户百分之百的信任，Okta 才能立于不败之地，因此，麦金农必须把诚信作为文化的核心。

但 Okta 是一家刚刚创立的公司，任何一家新创公司的首要文化信条都应是不惜代价求生存。大约三年过后，Okta 陷入困境，它已经连续 7 次未达到预期目标，需要筹集资金渡过难关。当季的成与败取决于能否和索尼公司做成一笔大买卖。好消息是，交易已进入正轨；坏消息是，Okta 的销售代表向索尼公司承诺将在几个月后交付一项预制的"用户设置"功能，该功能可以使索尼公司在自己的办公楼里就能将用户接入自己的系统。事实上，Okta 并没有在近年内打造这一功能的计划。索尼公司的相关人员没有要求在合约中体现这一条，但他们无疑希望麦金农能有个明确的答复。向索尼公司坦诚相告？还是先拿下大单交易救公司于水火？对索尼公司而言，这项新功能是否真的重要到不可或缺，以至于 Okta 必须提醒它交付时间得推迟——冒着裁员的风险或付出更沉重的代价？

"我知道，自己只要稍作遮掩就能拿下这笔买卖，"麦金农回忆道，"但是我很清楚，上至工程师，下至销售员，所有人都会知道我的所作所为。他们会因此以为撒点小谎无伤大雅。我得说，这是一个既简单又艰难的决定。最终，我放弃了这笔交易，因为我深知千里之堤，毁于蚁穴。之所以这样做，就是因为不想撒谎。"

他宁愿让公司利益受损，也不愿让企业文化受污。那一次，公司挺过了难关。科斯拉投资公司豪赌一把，不顾 Okta 过去几个季度的亏损，斥资支持公司进入下一轮运营周期。截至我动笔写作本书之时，Okta 的市值已接近 150 亿美元，已经成为云身份服务领域的全球顶尖企业。Okta 迄今为止未遭遇黑客攻击，其服务时长创造了奇迹，已连续 4 年未曾中断服务。

麦金农的决定当时也很有可能将公司置于死地。如果是那样，今日将不会有人记得 Okta，也不会有人记住麦金农的那一个艰难抉择。

员工会有意无意地透过你的行为考验你对企业文化标准的忠实程度，因此，在将任何一条标准列入企业文化之前，问问自己："我能做到吗？"

09

文化规则溃不成军的案例

你的敌意太强，我有权保持敌意，因为我的人饱受欺压。

——人民公敌（嘻哈乐队）

为深入洞察文化的运作机制，我们有必要了解一下文化无法发挥作用的那些情境，那些使文化规则溃不成军甚至引发反作用力的极端个案。在什么时候，好事做过头会变成坏事？在什么时候，遵守一条文化规则意味着违背了另一条文化规则？该不该为了求生存而背离文化规则？文化信条是否已是强弩之末，该被淘汰？

当客户从依赖转向厌弃

抓住客户的心，这是许多公司赖以生存的一条文化规则。它们希望对客户的每一个需求、渴望和念头都了如指掌，为了让客户满意而不遗余力。诺德斯特龙（美国高档百货连锁店）和丽思卡尔顿（连锁酒店）都是凭借这一条成了业内的佼佼者。在很长一段时间内，这条文化规则都体现了非凡的价值，但盛极必衰。对于已经使用过的产品，用户的确能对其应具备何种性能有非常明确的态度，而对于尚未问世的产品，他们只会有一些非常笼统的想法。

Research In Motion（RIM）通信公司在 1999 年推出了黑莓手机，其总部与硅谷相隔千里，设在加拿大滑铁卢，是一家以产品为依托、文化建设完备的企业。RIM 比任何人都更了解自己的用户，深知用户最看重手机的待机时长和键入速度。RIM 还知道，企业中做出购买决策的 IT（信息技术）部门最在意手机的安全性以及与现有 IT 系统的兼容性。因此，RIM 将所有精力都放在优化上述性能上，并一度成为通信市场的主宰者。

然而，这种过度关注用户的文化导向使得 RIM 小看了苹果公司的产品。为什么？因为 RIM 过于自信。初代苹果手机电池难看，键盘滑稽，与所有 IT 系统都不兼容，而且信息安全控制手段还十分可笑。谁会要这样的手机？正是这种自大——缺乏想象力和文化灵活性——让 RIM 的市值从 830 亿美元缩水到 50 亿美元。

打破你自己定下的规则

很多时候，文化规则就像是一头强壮的圣牛，你奉其为神明，小心翼翼地伺其左右，可圣牛一旦失足跌倒，头一个遭殃的就是你。环境在变，策略在变，新鲜事物层出不穷，你的文化规则也得随之而变，否则你只会被它拖累。

当初创立安德森·霍洛维茨基金时，我们曾做过品牌承诺，并基于此构建了公司文化。我们承诺，如果别人从我们这里获得资金，那提供资金的普通合伙人，也就是即将成为该公司董事会成员的这个人，必须有创办或管理大型技术公司的经历。之所以用这条标准来筛选我们的普通合伙人，是因为我们立志要成为技术类创业者的最佳选择。他们是新产品的开发者，但大多缺乏管理经验，我们的目标就是帮助他们成长为合格的 CEO。

为了兑现承诺，我们还搭建了一个强大的平台，为这些创业者提供一流的、模拟真实管理情境的网络，将他们与资本市场、各类人才、大公司客户以及媒体联系在一起。我们还确保公司的每个人都能切实感受到创办公司的艰难。

在达成上述目标的过程中，我们制定了有关如何对待创业者的规则，并且严格参照执行。比如，要按照约定好的时间准时会见他们，如果不能投资，也要向他们说明缘由；同时，将我们的顾虑坦诚相告，即便这种坦诚会破坏彼此的关系。其间，我和马克还定下了规矩，绝不从公司内部选拔任何人担任普通合伙人。当时，这种做法毫无问题，顶尖的创始人兼 CEO 对我们的非普通合伙人立场不感兴趣，若从公司内部提拔普通合伙人，那么任何一个候选者都不具备我们当初向创业公司承诺的相应资质。

然而，随着安德森·霍洛维茨基金的壮大，我们看问题的视角也发生了变化。我们意识到，创业者们在意的不仅仅是我们给出的建议，他们更看重公司的能力——将他们与大公司、资本市场和媒体相融合的能力，将他们与自己有可能聘用的管理人才或技术人员相联结的能力。此外，那些被我们选拔成为普通合伙人的前 CEO 有自己的文化观，而这些文化观与我们所树立的文化观并不能和谐共存。他们习惯于让整个公司围着自己转，而我们则希望让整个公司围着创业者转。

与此同时，公司里的年轻人已经完全认同我们的文化观，并已成为它最好的宣传者，只可惜他们当中有些人已经离职。由于没能给这些年轻人提供提拔机会，使他们成为普通合伙人，我们既损失了人才，也失去了企业文化的最佳宣传者。我们当初用以推行企业文化的那些准则，那些我们作为秘密武器苦心经营的准则——在《创业维艰》一书中我专门描写过——实际上正在毁掉我们的文化。

公司里的很多人早就看出这套准则已经走向末路，但他们从没告诉过我，因为我在公开场合一直在倡导它。当一个名叫康妮·陈的年轻分析师被公司聘用之后，我才发现问题。面试结束后，我让助手米涅瓦去请人事经理弗兰克·陈即刻来见我。

弗兰克：你觉得怎么样？

本：她肯定能胜任这份工作，问题是，她真的想干吗？

弗兰克：为什么这么问？她就是为此而来的呀？

本：她的野心可不止于此。

弗兰克：什么意思？

我盯着弗兰克的眼睛对他说："一定要给她的碗里装满食物，因为大块头一贯能吃。"

弗兰克以为我疯了，但下一秒他就明白了我的用意——要让康妮·陈时刻处在挑战中。弗兰克身上有一种我格外欣赏的品质，那就是无论我下达多么荒谬的指令，他都能严格执行。

为什么我会语无伦次？因为在康妮·陈的身上，我看到了某种从没看到过的东西。她回答问题时表现出的那种广博见识，如外科医生般对公司做的那套诊断分析，她的镇定自若，凡此种种都在传递一个信号：无论做什么，她都是佼佼者。我能看出，她注定是个不平凡的人，但我不能把这种感觉说出来。

之所以不能说，是因为我能感觉到，在她那种令人无法拒绝的力量和我们公司"不提拔内部人员"的文化标准之间，存在难以调和的冲突。我们不能提拔她去做普通合伙人，因此她最终一定会跳槽。在过去几年的历练中，她曾主导几起同 Pinterest 和 LimeBike 等公司令人瞩目的交易，我能想象的唯有她有朝一日会离开公司，可就是没想过改变规则。因为它毕竟，好吧，是条规则。

一天，公司召开高层会议，商讨拟推荐的普通合伙人人选。身为普通合伙人之一的杰夫·约旦说："我推荐康妮，没人比她更合适。"我说：

"可她的条件不符合公司规定。"所有人都沉默了，但此时无声胜有声。文化规则应服务于实际行动。如果实际行动难以开展，那就应该重新拟定文化规则。2018 年，我们提拔康妮担任了普通合伙人，她乐疯了。

文化规则并不总是清晰分明。几年前，我与一位年轻的 CEO 合作过，他对自己公司的文化推崇备至，以至于考核员工时，更关注员工的文化热衷度，而非员工的工作业绩。有一天，他告诉我他想做一些人事变动。他说："我们的首席营销官希拉十分厉害，她是我见过的最棒的文化领导者。只可惜，她来自别的领域，在管理市场方面实在是勉为其难。这不怪她，只怪我们当初对企业发展的预判不准确。我打算招聘一个了解市场的首席营销官，让希拉给他做副手。"

我问他："希拉手中有多少股权，1% 还是 1.5%？"

"1.5%。"

我说："如果你是公司的总工程师，手中有 0.2% 的股权，却发现市场部总监的副手手握 1.5% 的股权，你会有何感想？这会对公司文化产生什么影响？"

他皱了皱眉，试探着说："收回她手中的部分股权，如何？"

我说："当初你的股权分配方案是公平合理的，如今若这样做，她会怎么想？你还指望她能继续留在公司做一个杰出的文化领导者？"

他意识到，自己为了保护公司文化而破坏管理规范，这实际上是在损伤文化。因此，他忍痛割爱，解雇了希拉。作为补偿，他为希拉提供了一份言辞恳切的求职推荐信。

当文化规则与董事会意见相左时

我认识一位创业者，姑且叫他弗雷德。弗雷德曾经陷入董事会与他的企业文化两相冲突的困境。和所有 CEO 一样，他想将诚信融入企业文化。他知道，缺乏诚信，一切无从谈起，可他却违背了这条原则，在未告知董事会的情况下向某位高管开出了空头支票。他给我留言道：

> 本：
>
> 　　希望你能帮我解决一个难题。我口头承诺公司的一位高管，说在下一轮融资后给他更多的股权，但是董事会的一位新成员不认可。他的理由也说得过去：这位高管已经拿到补偿范围内90%的薪酬，没理由因为新一轮融资稀释股权给他提供额外的股份。我接受他的说辞，这符合公司的规定，但是违背自己的口头承诺让我感觉很糟糕。我不会再轻易许诺，但有没有办法可以解决这一次的危机？
>
> 　　祝好！
>
> 　　　　　　　　　　　　　　　　　　　　　　弗雷德

问题很棘手。在未征求董事会意见的情况下，承诺给某位高管提供补偿，其代价是稀释其他持股人手中的股权，这无疑是失败的管理方式。更糟的是，弗雷德此举要危害的是公司新投资人的利益。从另一方面来看，假如弗雷德违背承诺，将一切责任推到董事会身上，那么不光是这位高管，公司内所有的知情人都会因为公司的吝啬而心生怨恨。怎么办？我在回信中这样写道：

弗雷德：

我建议你对董事会这样说：

我理解并且完全认同各位的原则，不能每逢遇到股权稀释的情况就靠提高员工的补偿金来解决。我本人、全体员工，以及诸位投资人都应该在这一问题上秉持相同的立场，我在此次事件中心存偏袒无疑是管理失范的表现，而且本次事件中的高管原本已拥有优厚的报酬。

然而，由于当时与他谈话的人是我，因此我有必要把话说清楚。那不是一次随性而至的闲谈，而是一次郑重的承诺，我明确地告知他的股权会增加。眼下我意识到当时的做法是错的，尤其是没有得到董事会的首肯就擅自做了承诺。可无论如何，话已出口。

请各位明白一点，公司的正常运转取决于我的一言一行，取决于我为此付出的一切。我向每一位员工介绍过公司的现状，描绘过公司的愿景。我向每一个员工承诺过未来的成功，向每一位客户保证过公司的服务质量。这些承诺和保证由公司的管理人员和所有员工践行传扬了数百次。我们之所以做出承诺，是因为非如此不可。没有多方的信任，公司将难以立足。因此，我得做到言出必行。

假如我辜负了这些我十分倚重的员工的信任，那就等于背弃了公司文化中的诚信一则，等于将公司置于险境。我深知，持股人的权益不可侵犯，因此建议发行新增股份，等量减少公司其他高管可控的股份。或者，假如各位不信任我，也可请董事会批准，将新增部分从我的个人股份中划拨给这位高管。此事事关重大，恳请三思。

祝好！

本

弗雷德照我说的做了。但是，那位新任董事会成员固执己见，董事会不肯让步，整件事最终以高管辞职收场。

结局令人失望，但对于弗雷德来说，这也是件好事。他因而认识到，无论是在公司内部还是在董事会内部，他都得树立正确的文化。新任董事只想维系自己说一不二的形象，对于公司文化——要知道这种文化会在极大程度上决定他的投资成败——漠不关心，这样的局面在不断制造麻烦。最后，弗雷德赶走了这位投资人。尽管难免遭受损失，但公司尚在继续发展，并且变得越来越强大。

文化走向歧途的警示信号

要明确认识到文化已难以为继并不容易。如果你能信赖员工并且由他们亲口告诉你，那自然再好不过。但首先，他们得有足够的勇气；其次，开口表达不满的人自己得对企业文化奉行不悖，否则，他们的不满很可能听起来像是恭维的话（说明你的企业文化毫无问题，他们之所以抱怨，只是因为自己做不到或不喜欢）；最后，人们对于文化的批评大多十分抽象，缺乏建设性意见。最常见的说辞（多见于匿名信）是"我们的公司文化垮掉了"或者"企业文化标准太难达到"之类。这些话也许没错，但说明不了任何问题。

那么，如何才能确定自己是否还在沿着正确的轨迹前行呢？以下几个信号可供你参考：

- 当错的人开始频繁请辞时。员工辞职是常见现象，但是，当错的人出于错的理由请辞时，那说明你该做出改变了。如果公司运转良好，但员工的离职率依然高于行业平均预期，那可能是你的公司文化出了问题。假如申请离职的这些人是你希望留住的人，那情况就更糟糕了。当初这些人冲着你公司的文化特质而成为你的员工，如今他们却在公司待不下去，这无疑是个不祥之兆——你选择了他们，却不能给他们提供你承诺过的企业文化。

- 当你无法解决当务之急时。假设你的客户服务部门收到了多如牛毛的投诉信，你因此将提升客户服务作为公司的当务之急。半年过后，客户满意度有了小幅提升，但总体情况依然不妙。简单粗暴的做法是，将罪责全部归到客户服务部门，然后让部门负责人卷铺盖走人。但是，客户的满意度始于产品，经由销售部门和市场部门运作，最后才落到客户服务部门。因此，你所面临的难题极可能是一个文化问题：你的公司文化没有鼓励员工把客户当上帝。为什么？因为这份文化可能会鼓励员工按期推出新产品，完成销售目标，或者开展广受关注的营销大战，唯独没有鼓励员工把客户所需放在心中。如果你不调整你的公司文化，那么客户满意的问题将难以解决。
- 当某个员工的行为令你震惊时。还记得索森吗？那个满嘴跑火车的中层经理。当知道他谎话不断，但还能在我的公司如鱼得水时，我着实大吃一惊。

为了弥补自己用人失察之过，我解雇了他。但即便如此，他满口谎话却得到提拔——旁人会这样想——的事例造成了极其恶劣的影响，且这种影响持续了好几年。一不留神，真相就会被误传。一旦突破了红线，那我们定下的规则就会被瓦解，就像当年有人建议将未担保合同作为预订单来计算一样。要想重新树立威信那是难上加难。假如当初我能像今日这般看问题，那我一定会不遗余力地立即重塑企业文化。我不仅会解雇索森，还会定下一条足够有威慑力的规则或创作令人过耳不忘的口诀。我希望员工们每天都能警醒于这样一条铁律：如果你敢对同事撒谎，立马走人。

　　假如有员工做了出格的事，请注意，一定是你的企业文化给这种事提供了生根发芽的土壤。

引以为戒的实例

在塑造与改变企业文化的过程中，没有什么比具体实例更重要。这些实例看起来像是骇人听闻的规则，但之所以存在，是因为你想借它来说明问题，并不一定非得再现实际情境才能使这些规则发挥作用。

具体的实例则像是充满戏剧性的警示案例，当坏事发生后，你可将它派上用场，可对它加以利用，以便重塑你的企业文化，同时确保坏事不会再度发生。

全世界最古老的军事理论典籍《孙子兵法》由孙武所著，他对于具体实例的作用了如指掌。伟大的史学家司马迁对于孙子运用实例的过程做了如下记载。

孙子是土生土长的齐国人，他所著的《孙子兵法》一书引起了吴王阖庐的注意。阖庐对他说："我已经细细研读了全部十三章内容。如今，我可否对你的用兵之道做一个小小的检验？"

孙子答道："悉听尊便。"

阖庐问："可否由宫女来做这个测试？"

孙子同样给出了肯定的答案。于是，吴王将180名宫女交给孙子。孙子将这些人分成两组，每组由吴王最喜爱的一位妃子做头领。然后，他命所有人手握长戟，并对她们说："你们是否能分清前面和后面、左手和右手？"

宫女们说："能。"

　　孙子接着说:"我说'向前看'时,你们必须正视前方。我说'向左看'时,你必须面朝你的左手。我说'向右看'时,你必须面朝你的右手。我说'向后转'时,你必须从右侧转,面朝后面。"

　　宫女们再次表示听懂了。解释完口令后,他竖起长戟和战斧,准备开始训练。接着,随着战鼓声响起,他发令"向右转"。但是这些宫女却放声大笑起来。孙子说:"如果指令不清晰不准确,没有被完全听懂,那是将军的错。"

　　说完他重新开始训练。这一次,他的口令是"向左转",宫女们又一次笑了起来。孙子说:"如果指令不清晰不准确,没有被完全听懂,那是将军的错。如果指令很清晰,但士兵们就是不听令,那就是指挥官的错。"

　　说着,他命令将两组的领头者斩首。吴王此刻就在高处的亭子里观望局势,当见到自己的爱妃即将被处死时,他大惊失色,急忙派人传下口信:"我们对将军的治军之道心服口服。如果这两名妃子被处死,那我们的美酒佳肴将毫无滋味。希望你能网开一面,不要杀她们。"

　　孙子答道:"我奉大王之命来统领军队,将在军,君命有所不受。"

　　就这样,他命人砍下了两个头领的首级,让地位在她们之下的人担任头领。一切就绪后,战鼓声再次响起。这一次,所有宫女都老老实实地听从指令,向左转,向右转,前进,后退,跪下,起身,动作精准至极,没人胆敢发出声音。这时,孙子派人向吴王禀报:"大王,您的士兵如今训练有素,恪守纪律,已经准备好接受检阅。她们可以为国赴汤蹈火,拼尽全力,不会有一丝违抗。"

　　吴王回答:"请将军停止训练,回来休息吧。我并不打算真的下去检阅她们。"

孙子听后说道："大王只会说，不会做。"

此事让阖庐看到了孙子的为将之才，最终，他命孙子担任吴国大将军。孙子率兵向西大败楚国，攻破其都城郢都；向北威慑齐国和晋国，其声望远播至列国的王孙公子。吴王权倾四野，孙子功不可没。

这个故事听起来很残酷：为什么要杀死妃嫔？她们压根儿就不是士兵，这样的处置未免太不公平。然而，正是这份不公平帮孙子奠定了他想要的文化。他知道，如此残酷无情的处置定会四海皆知。此后，将不会有人在听到指令后还咯咯发笑。这一点至关重要，因为孙子很清楚，在战争中，一个士兵有可能为他的不守规矩付出各种代价。他希望军队文化要突出铁的纪律，上至君王，下至妃嫔，人人都得严格遵守。凭着活生生的实例，他做到了。

如果你的公司正面临危机，你也可以借鉴类似的极端实例来解决问题。假设你手下有个不守规矩的销售人员，他与客户达成了一笔单边交易。尽管合同显示交易已经终结，但单边协议上却允许客户在交易完成后的头三个月内享有退货权利。该销售人员从未对财务人员或法律顾问报备过这份单边协议，导致财务部误将这笔交易计入了年收益，从而犯下了财务欺诈的错误（凡是被计入年收益的交易都不可撤回）。

你该怎么办？毫无疑问，你得解雇这个销售员，并且上报财务差错。但这能改变公司文化吗？如果你不改变公司的文化，那此类行为有可能会毁掉公司，因为很少有公司能在多次出现欺诈行为后还屹立不倒。最好的办法是效仿孙子：不仅要解雇那个销售员，你还应该解雇他的所有上级。尽管销售经理们都理解他们得为手下人的不检点承担法律责任，但如此大规模的解聘对于某些人而言仍然是极不公平的。可是，在此情此景下，CEO 必须借鉴孔孟之道，将多数人的利益放在首位。所有人都会从中明白一个道理：公司绝不做违法的事。

假如销售员仅仅是告诉客户某个产品即将拥有某项新功能，而实际上新功能还遥遥无期，并没有将公司的身家性命与新功能的问世捆绑在一起，那么你可以严词警告，也可以将他解雇，但是没必要殃及他的上司们。

如何应对文化破坏者

在《创业维艰》一书中有这样一节，名为"当天才员工变成超级浑蛋"。这种员工原本是你眼中的优秀人才，但最后却成了公司文化的破坏者。我在书中将他们分成三类，每一类都是烫手的山芋，留不得。以下摘录其中部分片段。此外，我还新增了一类，这类员工更让人头疼。

异类

任何一家公司都需要选拔大量头脑灵活且责任心强的员工，他们能发现机构运作中的缺陷和漏洞，并协助改进。然而，有些头脑灵活的员工不但帮不了公司，反而还会制造麻烦。当出现问题时，他们不是赶紧找出其中亟待修复的漏洞加以解决，而是拼命挑毛病以凸显自己的高明。具体点说，他会质疑公司的前景，贬低公司的领导者，以此衬托自己的高明。有这种习惯的员工越聪明，产生的破坏力就越强，因为旁人更容易相信这类人的话。他会让原本尽心尽责、工作高效的同事变得懈怠，会煽动其他人与他为伍。这些人会对管理层的每一个决策说三道四，导致同事间丧失信任，导致企业文化毁于一旦。

这些聪明人究竟为什么要损害自己供职的公司？原因有很多，譬如

以下这几条:

1. 他无权无势。没机会和主管打交道,因此抱怨、发牢骚是他获得关注的唯一途径。

2. 他生性桀骜不驯。不反叛他就不舒服。这种人往往更适合当领导,而不是普通员工。

3. 他思想不成熟,过于天真,无法理解公司经营者在管理中不可能知道每一个微小细节这个事实,因此会在出现问题时小题大做。

通常情况下,我们很难改变这样的异类。一旦他公开表明态度,来自各方面的压力便会让他孤掌难鸣。假如他在 50 个好友面前说了"CEO是个蠢货"这样的话,那下一次他再这样说时就没几个人相信他了。多数人都不愿意让自己的信誉受影响。

怪人

有些人才高八斗,但却一点儿也靠不住。在 Opsware,我们曾经聘用过一个天才级员工,名叫罗杰(并非真名)。说他是天才一点也不过分。当时他在工程技术部门工作,一般的新员工至少要花上三个月的时间才能渐入状态开展工作。而罗杰只用了两天。到第三天,我们给他分派了一项预计一个月才能完成的任务。三天后,他给我们提交了一份几乎完美的报告。准确地说,他用了 72 个小时:不眠不休连轴转的 72 小时,别的什么都不做,只有编程。在头几个月里,他是公司表现最突出的员工，所以我们很快就给他升了职。

接下来他就变了。随意旷工，刚开始是几天，后来变为几周，连个电话都不打。等到他终于露一面，便会听到他痛心疾首的道歉，可之后依然如故。他的工作质量也大不如前，人变得懒懒散散，工作时心神不定。我当时很纳闷，这么拔尖的一个人怎么变得一塌糊涂。由于他在团队中发挥不了任何作用，主管想辞退他，但是我没同意。我认为他的天分依然在，只是需要我们把它发掘出来，但是我错了。后来大家才知道，罗杰患有躁郁症，但拒绝服用治疗药物，而且他还吸毒。我们最后不得不开除他，时至今日，我一想到他还是会惋惜不已。

古怪的行为背后一定有一个深层根源。有些人是因为染上了导致他们走向毁灭的毒瘾，也有些人是因为在别的公司赚外快一心多用。就文化而言，如果一个团队倚重"怪人"，那就是在默许古怪行为，团队中的每个人都会认为自己也可以恣意放任，不按常理出牌。

浑蛋

这种类型的员工在任何部门都有可能出现，可一旦出现在管理层，危害性则最大。大部分部门主管多多少少会犯点儿浑，个别时候的满嘴脏话还能起到敲山震虎的作用。我要说的是另外一种浑，我要说的是那些一有机会就攻击别人——尤其是以人身攻击为乐——的浑蛋。

管理人员一而再再而三地犯浑会毁掉一家公司。公司在成长壮大的过程中，最大的挑战就是沟通。如果你的主管中有一个浑球，那沟通就更难实现。有些人与别人交流时总是气势汹汹，致使别人在他们面前根本没法开口。要是每当有人指出营销部门存在的问题时，营销主管都跳出来恶言相向，那还怎么交流？这会导致人们只要见到这家伙在场就不会讨论任何工作。久而久之，沟通不畅会一步一步瓦解整个公司。请注意，这种情况特指那些才华横溢的浑蛋。如果不是才智超群，别人也不会把他的攻击放在心上。恶狗咬人咬得才狠。如果你周围有这样的恶狗，那就必须早做了断。

暴脾气的能人

有些极端个案背后是一些你想对其加以改造的员工。他们属于"浑蛋"一类中的特例，我称之为"暴脾气的能人"，以此表达对嘻哈乐队"人民公敌"的敬意。这些人工作高效，有着坚不可摧的意志。再大的阻碍、再多的问题都难不倒他们，为了工作，他们不在乎得罪人。人们常把他们比作粉碎机、牛仔、挡路鬼、浑蛋。没错，他们是很浑，但你往往离不开他们。试问，还有谁能如此高效地完成工作？你唯一希望的是他们能变得更容易共事。

他们自以为是，就连如何开展工作这样的话题，你都很难与之进行正常的对话，因为他们坚信，自己永远是对的，别人永远是错的。

他们的个人背景往往与惯有的岗位要求相去甚远。大多数人出身贫寒，没进过好学校。有些人在宗教信仰、种族背景或性取向上有别于旁人。他们或多或少经历过一些挫折，走过一些弯路，总认为别人会戴着有色眼镜看他们。为了证明自己的价值，他们甘愿赴汤蹈火（并不是说有着类似背景的人都是暴脾气，只不过暴脾气的能人多数有着相似的背景）。

这类员工是企业内部的大规模杀伤性武器，威力不可小觑，若是使用不当，他们会极大地动摇公司的根本。如何才能防止这类员工毁掉你的公司文化甚至你的公司呢？

遇到这类员工，切记一点：他们的承受能力远远低于其进攻能力。尽管他们会毫不留情地恶意攻击同事，但若是遭到同事的哪怕一丁点儿指责，他们就会陷入深深的恐惧。很多上司在遇到此种情形时只会一笑了之，不闻不问，因而错失了改造对方的良机。

暴脾气的能人都是完美主义者。他们对自己、对他人都有着近乎苛刻的要求。当看到别人的工作不达标，或者听到别人的想法不靠谱时，他们会大为光火。他们为之愤怒，对别人无情指责，这使得他们对于来自外界的指责格外敏感。他们一心扑在工作上，否定他的工作就等于否定他这个人。还请谨记一点，鉴于其背景特殊，他们往往缺乏自信，怀疑你一开始就不想留住他们。

三个要领有助于你管理好此类员工：

1. 不要评价他们的行为，而是要对其行为造成的不良后果做出评价。如果你对他说"不要在开会时对别人吼叫"，那么他接收到的信息就会是，"你不可以在开会时对别人吼叫，但其他人可以，因为我是在批评你"。相反，你应该把焦点落在他的行为所造成的后果上："你的工作很重要，但是，当你因为安迪的手下没有配合你的工作而冲他吼叫时，他并不会因此而好好配合，反而会因为你在公开场合让他难堪而想要报复你。你这样做毫无意义。"对方一开始可能不以为然，但随后就会意识到你是对的，继而会尽一切努力解决问题。毕竟，他是个完美主义者。

2. 不要试图改变他们。无论你多么善于领导这群人，你都无法从根本上改变他们。合宜的做法是，稳住他们，让团队中其他人清楚你的用意——这类人工作能力非凡，你希望大家能接受他们——以此来稳定人心。

3. 要知人善任。这些人想法偏执，一味地去批评他们只会让他们心生怨念，认为全世界都瞧不起他们。因此，你应该花点时间去了解他们的长处，知人善任，激发他们的超能力，让他们助你的公司飞速发展。举例来说，假如他们是销售奇才，但与团队成员总是针锋相对，那不妨让他们按照自己的想法推销产品，不要压制他们的想法。

最后要提醒一点，暴脾气的能人必须在一定程度上遵守你的企业文化规范。要知道，容忍这样的员工意味着得罪另一些员工，他们会抱怨对方得到了特别关照：他违反了公司规定，干吗不立刻开除他？

某些偏离企业文化标准的行为体现着潜在的文化多样性，但是在有些情况下，保持文化一致性要比保护某个人才更重要，这种时候，最好的办法是让违规者走人。请记住，这也是企业文化的内容之一：文化标准面前人人平等，不允许任何特例存在。

一个更深层的问题由此而生：你想要的是哪种文化？是令行禁止零包容的文化，还是灵活变通的多样性文化？当员工向你投诉某个浑蛋时，假如你耐心劝解他"弗洛德是个特殊人才，我们还是多给他一点时间来适应"，那么你奉行的就是灵活变通的文化。反之，如果你秉持零包容理念，那根本就无须费心去跟浑球们打交道。

即便你领导有方，这些能人的脾气依然会随着公司的壮大而升级。但是，你仍有必要用心去约束他们的野性，因为暴脾气的能人有可能成为你公司的终极武器。

关于决策的文化

你的决策与其他因素一样，也会影响公司文化，但制定决策的过程同样是公司文化的重要组成部分。

大体来说，公司高层的决策风格有三种类型：

1. 要么听我的，要么走人。这类老板会说："我不关心你是怎么想的，就按我说的办。如果你有异议，开门走人。"这是最高效的决策类型，因为老板根本就不给你发表意见的机会。

2. 畅所欲言型。这类老板喜欢走民主路线。如果有可能，他会在每一次决策中都引入投票表决机制。尽管这番决策过程耗时耗力，但每个人的发言权都得到了保障。

3. 大家表态，我拍板。这种老板希望鱼与熊掌兼得，既想倾听众人的意见，又想保证决策过程高效快捷。

生意场上，第三类效果最佳。第一类过分压制员工，会导致严重的信息不畅。具有讽刺意味的是，第二类也不受欢迎，它会让员工抓狂——员工对它的厌恶程度不比对第一类的低。

工作效率与决策敏锐度是衡量CEO的重要指标，"大家表态，我拍板"的做法有助于CEO更快地做出正确决策。同时，这种做法也更为合理，因为公司中并非所有人都能对相关事件出谋划策，必须有人能博采众长，集思广益，做最终的那个决策者。

企业文化的溃败常常发生在 CEO 定下决策之后。假设你因为资金问题打算撤下某个软件项目，而项目经理不同意，他将你的决定告诉了团队成员。团队成员因为自己的辛苦将付诸东流而失望透顶，心生怨气。项目经理多半会这样说："我理解你们的心情，我也完全支持你们的想法，但是老板下令了，我也没办法。"

这种局面对于公司文化的毒害非同小可。团队中的每个人都会觉得自己被边缘化了，因为他们会意识到自己的上司无权无势，而他们自己更是无足轻重。心智坚强的那些人会将他们的不满传播得尽人皆知，导致其他员工开始质疑管理层并担忧自己的未来。最终的结局要么是失了人心，要么是两败俱伤。

因此，要使企业文化免遭伤害，务必记住一点：无论你如何做出决策，一定要坚决地贯彻落实。如果你是经理，中层也罢，高层也罢，你都有责任毫无保留地支持每一项决策。你可以在会场上表达不同意见，但出了会场，你不仅应支持这个决策，还应立场鲜明地解释该决策的合理性。

那位项目经理应该这样告诉他的手下："这无疑是个艰难的决定。尽管大家干得很辛苦，项目前景也不错，但是考虑到公司发展的总体重心，以及目前所处的资金困境，我们的项目的确不宜再继续推进。公司必须把人力和物力放在那些核心领域。因此，为了确保在座各位都能人尽其才，到最适合的岗位上去，我们只能叫停这个项目。"在宣布这样一个重大决定之后，不妨问问员工们对此有何想法——这能让你知道公司上下是否对此项决策背后的缘由心悦诚服。我不是一个凡事都零容忍的

CEO，但是对那些不执行高层决策的经理，我绝不姑息，因为他们的不配合会让企业文化变得一团糟。

决策过程中最后一个关键问题是：你更看重速度，还是正确率？各占多大比例？答案取决于你公司的性质和规模。在亚马逊或通用汽车这样的大公司里，员工人数上万，每天等待处理的问题有数千个之多，决策速度自然要比正确率重要得多。很多时候，做出一个决定，继而发现它是错的，再由此调整得出正确决策，其速度要比耗时费力地想出正确决策快得多。

设想一下，一家大公司花半年时间研究该不该给产品添加一项新功能。这意味着在长达半年的时间里，大约有100名员工可能在产品改良的相关事宜中举步不前。这项决策有那么重要吗？有必要把半年的时间花在它身上吗？答案可能是否定的。

我所在的安德森·霍洛维茨公司恰好相反。我们每年只会做差不多20个投资决策。对我们而言，决策正确率远比决策速度重要。如果你每年只有20次投球的机会，那你当然希望每投必中。因此，我们会一次又一次地开会商讨，对决策的方方面面一审再审，然后到次日又重来一遍。正确率是头等大事。

即便你通常情况下喜欢当机立断，但在某些时候，出于弘扬公司文化的考虑，决策正确率还是应被放在首位。如果你将"精美的设计"或"超凡的品位"作为公司追求的目标，并将其列入企业文化的大框架，那么花上十几个小时商讨产品外包装上的阴影效果也是有必要的。如此这般的殚精竭虑也许并不能真的提高产品的销量，但它会传递一个非常有力的文化信号：你不会在产品设计问题上走捷径。

有些决策属于"要么成功，要么失败"一类，以至于它们的诞生过程往往不同寻常。亚马逊奉行"双份比萨团队"决策制度，意思是，大多数产品决策都由小规模团队来做，团队应维持在双份比萨够大家吃的规模。然而，在决定是否要推出耗资几十亿美元的新型云服务系统时，亚马逊让更多的人参与了决策过程，讨论时长远超以往。

在决策速度与决策正确率这个问题上，企业文化中的赋权问题不容小觑。做决策时需要在组织结构中向下走多远？你是否信任低级别员工在重大事宜上的看法？低级别员工是否有足够多的经验支持他提出正确建议？

假如员工在企业中真的拥有发言权，那他们会在工作中更投入，效率也会更高。很多时候，将问题层层上移不仅会拖慢决策进程，还会降低决策的正确率。

相反，将决策事宜过分下移也不是明智之举：

- 首先，破坏了产品小组之间的交流，会导致不愉快的客户体验。多年来，谷歌公司的几乎所有产品都有各自的客户资料：我可能是 Gmail 的用户，但无法像 YouTube 的用户那样实现无缝登录。组间交流一旦遭到破坏，客户体验也将受牵连，谷歌公司将无从得知用户在不同产品线上的使用习惯（拉里·佩奇最后命令他的团队优先处理共有客户资料问题）。

- 其次，破坏了部门之间的交流，导致公司生产出伟大的产品，却没有能力将它推向市场或销售出去。施乐公司的帕洛阿托研究中心以其令人眼花缭乱的一系列技术革新闻名于世，"图形用户界面”就是其中之一。但是，公司未能成功将它推向市场，因为其他部门完全不懂这些技术革新是做什么用的。最后，施乐公司意识到了问题的关键，这才把研究中心整体拆分了出去。

- 最后，你会因此错失优秀人才的建议。如果你供职于网飞，试问哪一项决策能离得开里德·哈斯廷斯的知识与经验？

2012 年，我与拉里·佩奇长谈过一次，谈话的主题就是上述这些彼此矛盾的紧迫事宜的复杂性。那一天，佩奇到访我的办公室。谷歌的未来发展让他很伤脑筋，想从我这里找到一些灵感。

他说他刚刚同史蒂夫·乔布斯谈过，对方批评他"做的事情太多了"。乔布斯认为，佩奇应该明确公司的定位，把产品做少做精，就像苹果公司那样。乔布斯是个传奇人物，一贯对产品决策问题高度重视，且成果斐然。苹果公司的产品设计精美，整合度高，经营和销售方式都与产品本身完美契合，苹果商店的设计也与公司整体感觉相一致。在乔布斯眼中，"做太多的事"是大忌。假如苹果公司当初恣意妄为，尝试各种业务，那他怎么可能将世界一流的品位融入产品，让产品的整合性达到令人炫目的地步呢？

我问佩奇是否愿意做少而精的业务。他说："不，假如我不能去尝试最新的东西，那还是我吗？"我说："那么你需要对组织结构层面进行设计，还要构建一套相宜的文化，一套与苹果公司截然不同的文化。"

我们聊到了那些推出过无数新产品发展计划的公司，比如托马斯·爱迪生的通用电气，沃伦·巴菲特的伯克希尔 – 哈撒韦，比尔·休利特和戴维·帕卡德的惠普。佩奇最终得出结论，他的正确选择应当是建立 Alphabet，一家包含谷歌在内、由多个自主公司组成的母公司。如今，他可以尽情追求最新的一切，上至人类寿命，下至自动驾驶汽车。他唯一做不到的，是让自己的企业只与某一种设计风格保持一致。

关于如何平衡好赋权与掌控，我们需要考虑的最后一个问题是：你身在顺境还是逆境。公司运营正常，而你在想方设法扩大经营规模？还是说公司处在生死关头？正如我在《创业维艰》中讲过的，顺境或逆境会迫使 CEO 做出不同的选择：

顺境中的 CEO 沿着常规路径向成功迈进，逆境中的 CEO 则跳出常规来争取突围。

顺境中的 CEO 放眼于宏观前景，授权下属去做细节性的工作，逆境中的 CEO 视细节如生命，唯恐因细节的疏漏影响全局。

顺境中的 CEO 会搭建逐级递增的大型招募机构，逆境中的 CEO 会在此基础上成立负责人员遣散的人力资源部门。

顺境中的 CEO 会花费时间营造企业文化，逆境中的 CEO 则通过逆境本身来界定企业文化。

顺境中的 CEO 常备应急预案，逆境中的 CEO 常常得孤注一掷。

顺境中的 CEO 凭借天时地利有备而战，逆境中的 CEO 往往置之死地方能生存。

顺境中的 CEO 尽量会做到文明有礼，逆境中的 CEO 常常有意说脏话。

顺境中的 CEO 认为竞争犹如隔岸之火，不会波及自己，逆境中的 CEO 认为竞争就是伸进自家院墙的魔爪，危险近在咫尺。

顺境中的 CEO 志在拓展市场，逆境中的 CEO 志在赢得市场。

顺境中的 CEO 容得下员工因为努力创新而产生的小偏差，逆境中的 CEO 则绝不姑息。

顺境中的 CEO 总是心平气和，逆境中的 CEO 极少不用高八度的嗓门说话。

顺境中的 CEO 竭力弱化矛盾，逆境中的 CEO 总是竭力让矛盾升级。

顺境中的 CEO 总是广开言路，逆境中的 CEO 总是独断专行。

顺境中的 CEO 会确立有风险、有创新的宏大目标，逆境中的 CEO 则忙于真刀真枪地迎击对手，顾不上看那些纸上谈兵的顾问写成的管理学大作。

顺境中的 CEO 通过员工培训来确保他们的工作满意度和职业发展，逆境中的 CEO 通过员工培训来教会他们如何在竞争中不被踢出局。

顺境中的 CEO 会放弃那些没能在业内占据领先地位的产业，而逆境中的 CEO 还没奢侈到把生意分成三六九等。

从顺境模式切换至逆境模式去考虑问题更容易一些。一旦 CEO 对某些细节变得格外关注，比如召开每日例会去解决生产滞后的问题，那么整个公司都会即刻做出反应，所有人都会将自己的思维调整至紧急状态。

相反，从逆境模式切换至顺境模式则要复杂得多。逆境中的 CEO 必定是整个决策过程中的关键人物。即便他没有做出任何决策，旁人也会察言观色，做出判断。当公司处在逆境时，赋权于个人的文化将消失殆尽。

从逆境时期的史蒂夫·乔布斯到顺境时期的蒂姆·库克，苹果公司两任 CEO 的交替彻底改变了公司的产品决策文化。库克不像乔布斯那样亲力亲为，老员工认为公司丧失了曾经那份对卓越品质的不懈追求。新的一套文化固然有优势，但总让他们觉得一切都变了。

同样，当优步从特拉维斯·卡兰尼克举步维艰的逆境时代进入达拉·科斯罗萨西的顺境时代后，后者因缺乏系统知识、不善决策而让整个公司的决策过程陷入停顿，直至后来，科斯罗萨西重建了公司文化，这种局面才得以改善。他当时也曾试着修正老一套企业文化中的弊端，但可能并没有什么用。

大多数 CEO 从不将企业文化在顺境模式和逆境模式之间切换。大多数 CEO 的性格都只能与其中一种模式和谐共处。顺境中的 CEO 善于交际，为人有耐心，对于团队成员的需求格外敏感，且愿意给他们提供更多的自主性。逆境中的 CEO 更习惯于应对冲突，会在公司发展规划等问题上固守自己的观点，对于不尽完美的人或事，他们会表现出常人难以想象的不耐烦和不宽容。

因此，假如形势有变，公司董事会多半会解聘原来的 CEO，然后请来一位能满足新形势需求的 CEO。在埃里克·施密特执掌大权的和平时期，谷歌始终未对客户档案进行整合，待到拉里·佩奇接手公司并将公司带向迎战状态后，这一问题才得到解决。他认为谷歌要仔细提防脸书这个竞争对手。有人得出结论，愿意为顺境模式的 CEO 效力的高管往往不喜欢为逆境模式的 CEO 当手下，反之亦然。施密特的团队中只有一人继续留在了佩奇手下，他就是独一无二的天才人物大卫·德拉蒙德，负责公司的法务部门和企业发展部门——他自称变色龙。

10
结　语

我伤痕累累，只剩诚实。

——Future（说唱歌手）

在前面的章节中，我们深入解读了不同群体在不同时代、不同背景下所构建的文化样态，有武士一族，有成吉思汗，有监狱头领，也有亚马逊。从中可以看出，文化标准不具有普适性，没有哪一种文化可以放之四海而皆准。公司文化可以折射出 CEO 的人格特质、观念信仰，以及处事策略。当公司逐步发展，外部条件发生变化时，文化也应得到及时调整与更新。

本章中，我将对几条文化标准做详细介绍，并阐明它们为何难以操作。几乎所有组织都离不开这几条标准。接着，我将重申本书中最重要的技巧，仅供各位创业者或改革者借鉴。

信任

你为人诚实吗？听到这个问题，我猜你会思索片刻，然后说，"诚实"。那么，你还认识哪些诚实的人？我想这个问题要难回答得多。为什么大家都能轻松判定自己诚实，而很难确知别人诚实？

在说真话这件事上，要做到有一说一并不容易，因为这违背了人性。正常情况下，我们会说一些别人爱听的话。这样做皆大欢喜，至少在当时能让人感觉良好。说真话需要勇气，此外还需要技巧和判断力，尽管对此我不打算多说，但这两点对于文化建设同等重要。

为什么CEO很难做到如自己所愿的那般诚实？试想以下几个场景：

- 产品销量不理想。假如你将实情告诉大家，精明的员工会立马担心公司的前景，说不准会跳槽。一旦他们离职，更多员工会效仿，以致公司会陷入业绩下滑、人员流失的恶性循环。
- 公司开支过大，裁员在所难免。尽管公司尚未陷入困境，但假如你真的裁员，舆论导向会让外界以为公司入不敷出。员工会受此影响陷入恐慌，继而纷纷跳槽。待到那时，你就真的有麻烦了。
- 管理层的一个骨干背弃公司投向竞争对手的怀抱，因为他认为对方的产品更胜一筹。假如你将他离开的原因如实相告，那其他人也会动起相同的脑筋。
- 产品存在严重缺陷，致使客户另做他选。如果员工知道这件事，他们会怀疑公司的实力，进而会考虑是否有必要继续为这样一家二流公司卖命。

- 公司的上一轮估值过高，目前面临股价下跌。为了招募新员工，经理们口是心非，承诺股价会上涨。

在上述这些司空见惯的场景中，说真话意味着把公司逼上绝路。你该不该放弃原则去撒谎？当然不该。信任源于坦诚。如果你失去了员工的信任，那公司也将难以为继。要领在于——虽然不易操作——在不损害公司利益的前提下讲出真话。

你需认可这样一个结论：你改变不了事实，但你可以给事实赋予新的内涵。假设眼前的事实是你必须裁员，首先你得清楚，裁员一事会引发多重解读。新闻记者会说裁员是公司办不下去的信号。被裁撤的员工会认为自己遭到了背弃，并由此表达不满。留下来的员工也会产生各种各样的揣测。但是，假如你将裁员的意义开诚布公地说出来，坦率而有理有据地去做这件事，那么你的解读将有可能最深入人心。

赋予意义的过程中，请掌握三个要领：

1. 清晰无误地陈述事实。"我们如今不得不解雇 30 位员工，原因是公司资金出现了 400 万美元的短缺"，诸如此类。不要显得你是因公司业绩欠佳，或者对这些当初你费心聘来的员工心生不满而这样做的。实事求是，务必让每个人都知道你的用意。

2. 假如因你管理失当而使公司不得不裁员，请坦然认错。是什么想法导致你要让公司以不合常理的速度去发展？你从中吸取了哪些能让你免于重蹈覆辙的教训?

3. 解释为何当前举措对于公司的未来发展具有重大意义。在处理得当的情况下,裁员会使公司焕发生机。这是艰难而又必须迈出的一步,这一步将决定你是否能实现最初的目标,是否能继续担负所有人为之奉献的伟大使命:带领公司走向辉煌。你要确保公司不会因为某些员工缺乏终极信念而解雇他们。之所以裁员,仅仅是因为你想让公司变得更好。

在赋予意义这件事上,亚伯拉罕·林肯的《葛底斯堡演说》堪称经典。他在向民众解释为何士兵们要在葛底斯堡流血牺牲时,实则是给内战赋予了新的意义。这是一次壮举。发生在葛底斯堡的战役在血腥程度和惨烈程度上堪称美国之最。持续三天的战斗中,邻里相残,兄弟相杀,死伤达5万人之多。

当时,很多人认为内战是为了保护联邦权力与奴隶制经济。林肯在演讲中赋予了它全新的意义。全文短小精悍,值得我们诵读:

> 87年前,我们的先辈在这块大陆上建立了一个新的国家,一个以自由为宗旨,奉行人人生而平等的国家。
>
> 如今,我们正在进行一场伟大的战争,以考验这个国家,或者说考验任何一个以自由为宗旨、奉行以上原则的国家,是否能够长久存在下去。我们在这样一场伟大战争的战场上相遇。为了那些为国捐躯的勇士,我们要将这个战场的一部分留给他们做安息之地。这样做于情于理都完全正当。
>
> 但是,从更长远的意义来讲,我们不能将这块土地用于祭奠,用于供奉。那些曾在此战斗过的勇士,无论是活着还是死去,

都已经给这块土地赋予了神圣感，我们微不足道的力量不足以为之添减分毫。我们今日在此讲过的话，无人在意，也无人会把它牢记，但勇士们在此做过的一切，全世界都不会忘记。倒是我们这些活着的人，应该将勇士们曾为之浴血奋战的伟大事业进行到底。我们要从这些光荣的逝者身上吸取更多的献身精神，我们要在这里发誓，逝者的血不会白流；我们要让这个国家，在上帝的庇佑下，收获自由的新生；我们要让这个民有、民治、民享的政府永世长存。

在林肯发表演讲之前，没有多少人会把美国看成一个"以人人平等为最高目标"的国家。在此之后，这一观念变得深入人心。林肯承认，这场战争让太多人付出了生命的代价，但是他给这种牺牲赋予了意义。他不仅指明了此役的目的，还给这块土地赋予了意义。

当坏消息传来，当你担心手下人得知坏消息会惊慌失措时，不妨想想葛底斯堡战役。不管是搞砸了一笔买卖，惨淡经营了一个季度，还是迫于形势不得不裁员，这些都是你给一件事甚至给公司特色赋予意义的良机。要知道，情况再糟，也糟不过让几万人丢掉性命的那场战争。

有些公司并不看重信任，反而更推崇内部竞争。他们让员工相互竞争，以最优者胜为最高目标。这种风气在那些员工职能大体相同的行业里尤为盛行，比如风险投资公司、银行业。这些领域从不讲求合作，谁的级别高谁说了算，内部员工之间毫无信任可言。为了在竞争中位居前列，人人都会不择手段。遗憾的是，这种风气往往还能让公司赢利。

可无论如何，我不会选择这样的公司。

接纳坏消息

假如你管理着一家规模不小的公司，那有一件事毫无疑问：某个环节随时有可能出大问题。风雨欲来之际，你的一些中层经理心知肚明，但出于某种原因，他们并没有告诉你，即便他们知道掩盖问题只会让麻烦持续更久。我把此类问题叫作"泡菜问题"，因为在泡菜罐中，腌得越深，滋味越辣。

如何打造企业文化，才能让你尽早发现问题呢？难度很大，大得惊人。员工们不愿主动告知你坏消息，其原因大抵有以下几种：

- 这样做有违企业文化所强调的主人翁精神。我们常听到这样一句管理格言："不要只谈问题，想出办法再来见我。"这句话是在强调员工的主人翁意识和责任感，是赋权的体现。但是，它也有负面作用。首先，员工很容易把这句话理解为"不要带着问题来见我"。从更深一层来说，如果你知道问题所在，却又不知如何解决，那该如何是好？假设你是工程师，发现了软件架构中的一个致命缺陷，但又没有权限或实力去解决它，你该怎么办？假设你是销售员，知道自己的某个同僚有欺诈之嫌，你又该怎么办？如何赤手空拳解决这些问题？作为 CEO，若想鼓励大家勇敢地说出坏消息，你一定要确保这些人不会因坦言相告而受到处罚。
- 公司的长期目标与员工的眼前利益不相吻合。设想一下，假如某个新产品将于本季上市，由于该产品上市意义重大，公司因此承诺给工程师一笔奖金。可万一新产品中存在安全风险，而你作为工程师发现了这个漏洞，与此同时，你又需要这笔奖金去给孩子买礼物。你会怎么办？说出真相吗？

● 没人愿意被斥责。如果你发现了问题，那极有可能是你导致的，你又没有能力去解决。把事情汇报给上司意味着承认自己有错。谁会这么干？

那么，在不破坏赋权文化原则并鼓励员工主人翁精神的同时，如何才能让问题暴露出来？既不让任何人受到打压，也不因此助长抱怨之风？

鼓励坏消息

当别人来说坏消息时，我尽量表现得喜不自胜。我会说："谢天谢地，幸亏我们及早发现，不然麻烦就大了。"或者说："解决这个问题，公司会更强。"员工自会从领导者那里推导出关键信息。假如你对坏消息安之若素，他们也会如此。优秀的 CEO 会大胆面对痛苦与黑暗，甚至能苦中作乐。

许多中层经理乐意参加管理层会议，因为这让他们觉得自己被需要，让他们成了圈内人。利用这种心理，我为参会资格设定了一个门槛：你必须汇报至少一件"麻烦事"。我会告诉他们："我很清楚，公司里有些事情已经不可收拾了。我想知道究竟是哪些事。假如你对此一无所知，那就不必来参会了。"这个办法导致坏消息如潮水般涌到我面前，但它同时帮我营造了这样一种文化：把问题摆到桌面上来讨论，这不仅不会让你挨批评，还会让你得到奖励。我们并不总能顺利解决所有问题，但至少我们对大部分问题都心中有数。

有时，一个问题的出现反而会使另一个问题得到解决。当年，靠着 LoudCloud 的根基创建 Opsware 时，我曾力主尽快将 Opsware 软件推向市场。我们对云服务环境的管理都依靠它。要将它推向市场，我们就不得不拼命修复各种难以避免的漏洞，解决各种未曾预料到的问题，但市场竞争带给我们的知识与技能将会是一笔无价之宝。当时的我就是这么想的。

可公司里大部分工程师都认为我疯了。他们以为我不知道这个产品距离正式上市的标准还差一大截。我是直到与一个工程师例行谈话时才了解到他们的想法。我问他："你认为我们该采取哪些新的举措？"他回答："除了你，所有人都不赞成把 Opsware 推向市场。"

我依然认为自己的选择是对的，但我也明白，另一个问题由此而生：产品部门对 CEO 的信心在逐渐消失。我即刻召集了一次全体员工大会，详细地向所有人解释为什么我坚持要把一个尚不十分成熟的产品推向市场。若为了打磨产品而错失适应市场环境和满足客户需求的良机，公司的损失将会更大。我没能说服所有人，但至少大家都明白了一点：我不是个糊涂蛋，我知道这一经营策略的风险，但就是要一往无前。

对事不对人

发现问题后，要深入分析，找出根源。多数时候，你会发现问题的根源往往并不是哪个员工特别懒或者格外蠢，而是沟通不畅或轻重缓急不当，这都是些可以解决的问题。找到根源后着手应对，不要把矛头指向一两个员工，这样做有助于你打造积极的企业文化——不遮掩、不强辩、对坏消息持开放态度。

在常规工作中留意坏消息

与员工面谈时，无论是正式谈话还是闲聊，都该提一些有助于你发现坏消息的问题，比如"工作中有没有遇到阻碍"，或者"如果你是我，你会对公司做出哪些改变"。你可能要问上若干次才能得到答案，但假如你一心鼓励，人们是乐意说出真话的。你越是表现得真心渴望听到坏消息，并且真心支持讲话者的立场，你就越有可能收获他们的真诚反馈。

忠诚

在多数文化中，忠诚都是至关重要但又很难实现的一条标准。如今的商业环境风云变幻，平均每个人都有可能在职业生涯中更换 11~12 份工作。在这样的情况下，公司该如何表达对员工的忠诚？员工反过来又该如何表达对公司的忠诚？双方能从忠诚中收获什么？

忠诚来自内心的期望，期望他人与你有相同的感受，期望你的同事、你的公司能始终支持你。CEO 们在鼓励忠诚时会采取不同的方式。Stripe公司的帕特里克·科里森是这样看待忠诚的：

> 很显然，我们不能提供终身岗位。但我希望你在工作 15年后回望过往时，能够把这段日子看成你职业生涯中最有意义的一个阶段。从我的角度而言，我希望你能做到两点：第一，严守道德操守；第二，一切以公司利益而非个人利益为先。如果你能满足这两条标准，那你也将得到公司的赏识、尊重与忠诚。

也就是说，他愿意在员工的整个职业生涯中支持他们。

Databrick 公司 CEO 阿里·葛德西给自己的管理团队做出了一份更为具体的承诺："我向他们保证不会出现意外状况。工作也许推进不畅，但我会在第一时间告诉他们，好让他们有时间从别的途径寻找对策。作为交换，如果他们对任何事感到不愉快，也要在第一时间告诉我。"

究其本质，忠诚取决于各类关系的质量。辞职的那些人炒掉的不是公司，而是老板。假如老板与员工之间没有建立关系，或者更糟，关系恶劣，那就算公司文化政策有此规定，员工也未必忠诚。葛德西的做法有望促进关系，因为他不仅做出了口头承诺，而且还真切地关注员工的需求。假如他仅仅是说说了事，而不是努力建立与之相关的一份关系，那他也难有所作为。

领导者在组织内部能建立重要关系的对象并不仅限于他的下属。如果他真心对待身边人，心口一致，并且在业内拥有好口碑，那即便是在最具活力的行业中，他也依然能建立牢固的人际关系并收获忠诚。

你的文化清单

说完了大多数文化中必备的这些标准，我们来说说该如何打造属于你的文化。以下若干要素请谨记在心：

- 文化的设计。确保让文化与你的人格特质及行事策略相统一。想一想该如何使文化成为你手中的利器，然后对它做出清晰无误的界定。

- 文化的导向。沙卡·森格尔走出禁闭室那天看到的情形让他永生难忘。可能没有哪个员工对入职第一天的印象会比这个还深刻。但是，第一印象的确重要。对于如何在公司站稳脚跟，取得成功，入职第一天带给员工的信息要多过其他任何一天。不要让新员工对公司产生不良的第一印象。

- 制定出人意料的规则。任何一条能促使人们问出"为什么"的规则都有助于让文化理念深入人心。想一想，该如何使你的机构与文化相匹配。

- 吸纳外围管理人才。有时，你渴望的文化与你身处的文化相去甚远，以致你必须借助外力突围。与其费力带领公司改变，不如从你钦慕的文化中聘请一位资深人士作为导师。

- 用实例说话。说得好不如做得好。如果你想要立规矩，不妨用实例来说话。倒不必像孙武练兵那样残酷，但一定要达到戏剧性的效果。

- 清晰界定伦理标准。领导者最常犯同时也危害最大的错误之一，就是想当然地以为别人总会"做正确的事"，即便当前利益与总体目标存在冲突，也要清晰明确地界定伦理标准。

- 给文化信条赋予意义。让文化信条从常规意义中脱颖而出，让它超越人们的想象。假如古代的武士一族对"礼貌"的定义与现代人一样，那他们对文化的影响力可能微乎其微。武士一族将礼貌与表达爱和尊重联系在一起，对当今日本文化的形成具有深远影响。你的文化标准又有怎样的深意呢？

- 言出必行。"照我说的做，别管我是怎么做的。"这样的思路无法产生好结果。因此，在确定文化标准时，一定要选择那些你能够践行的。

- 做决定要突出轻重缓急。对卢维都尔来说，仅在口头强调不许报复是不够的，他必须真的宽恕奴隶主，以此表明决心。

上述要素有助于你打造属于自己的文化，但别忘了，没有完美无缺的文化。你的目标是为你的公司打造尽可能优秀的文化，因此，这份文化应始终围绕公司的发展目标。如果你希望全体员工像在乎自己的钱财一样在乎公司的钱，那么安排他们出差时去住红顶屋小舍而非四季酒店就能更好地释放文化信号——如果你想让员工底气十足地争取 500 万美元的大订单，那么反其道而行之才是正确的做法。如果你不知道公司的发展目标，自然也不可能打造相宜的文化。

文化始于你珍视的那些标准。确立这些标准后，你必须要让机构中的所有人努力践行它们。假如这些标准被证明是模棱两可的，甚至带来了负面影响，那你必须改变它们。如果文化中缺少关键元素，你也必须添加进去。最后一点，你必须密切关注员工的动态，更要关注自己的一举一动。想一想，这些行为对文化产生了什么影响，你是否依然是你想要成为的那个自己。

　　这是成就伟大文化的关键，也是身为领导者的要义。

文献来源

　　在杜桑·卢维都尔的故事中，我参考了下列作品：*The Black Jacobins: Toussaint Louverture and the San Domingo Revolution*, by C. L. R. James; *Toussaint Louverture: The Story of the Only Successful Slave Revolt in History; A Play in Three Acts,* by C. L. R. James; *This Gilded African: Toussaint L'Ouverture*, by Wanda Parkinson; *The Memoir of General Toussaint Louverture*, translated and edited by Philippe Girard; *Toussaint Louverture: A Revolutionary Life,* by Philippe Girard; *The Slaves Who Defeated Napoleon: Toussaint Louverture and the Haitian War of Independence, 1801—1804*, by Philippe Girard; *Toussaint Louverture: A Black Jacobin in the Age of Revolutions,* by Charles Forsdick and Christian Høsbjerg; *Bury the Chains: Prophets and Rebels in the Fight to Free an Empire's Slaves*, by Adam Hochschild; and *Tracing War in British Enlightenment and Romantic Culture*, by Gillian Ramsey and Neil Russell.

　　我对于武士一族的思考受益于以下作品：*The Soul of Japan*, by Inazo Nitobé; *Hagakure: The Secret Wisdom of the Samurai,* by Yamamoto

Tsunetomo, translated by Alexander Bennett; Code of the Samurai: *A Modern Translation of the Bushido Shoshinshu of Taira Shigesuke*, translated by Thomas Cleary; *Training the Samurai Mind: A Bushido Sourcebook,* edited and translated by Thomas Cleary; and *The Complete Book of Five Rings*, by Miyamoto Musashi, edited and translated by Kenji Tokitsu.

有关成吉思汗的著作汗牛充栋，各家观点多达上百种，我不敢说自己都已读过，但以下几本书带给我的启发尤为重要：*Genghis Khan and the Making of the Modern World*, by Jack Weatherford; *Genghis: Birth of an Empire*, by Conn Iggulden; and *Genghis Khan: His Conquests, His Empire, His Legacy*, by Frank McLynn.

我对罗伯特·诺伊斯以及他对硅谷而言重要性的了解在很大程度上归功于以下两个文献：Tom Wolfe's article in *Esquire* magazine in December 1983, "The Tinkerings of Robert Noyce," and Leslie Berlin's *The Man Behind the Microchip: Robert Noyce and the Invention of Silicon Valley.*

此外，我还在书中援引了与以下这些人的谈话片段：Shaka Senghor, Reed Hastings, Bill Campbell, Todd McKinnon, Lea Endres, Ralph McDaniels, Mark Cranney, Nasir Jones, Patrick Collison, Michael Ovitz, Larry Page, Stewart Butterfield, Ariel Kelman, Maggie Wilderotter, Don Thompson, Ali Ghodsi, Steve Stoute, and Diane Greene.

致　谢

　　首先要感谢我的妻子费利西亚。若不是她的不懈督促、倾力支持以及悉心筹划，我可能根本就不会动笔。我原本无意再写作，但她执意如此。对于她的坚持，对于她在生活中为我做的每一件事，我都要由衷地说一声感谢，感谢命运将她在 33 年前送到我身边。她是我的灵感之源，是我的缪斯女神，是我的全部。

　　我与沙卡·森格尔的友谊就像催化剂，促使我将长久以来一直盘桓于脑海的想法付诸笔端。他慷慨无私地将自己的人生经历以及对于文化的见解分享给我，对此我永怀感恩。

　　我与史蒂夫·斯图尔特相交多年，他的观点极大地拓宽了我对于文化的看法。他对于种族问题和包容现象的见解促使我写下了有关成吉思汗的章节。

　　初动笔时，我认为有必要写一写嘻哈文化，写一写它是如何成就了这个时代最成功的音乐艺术形态的。可一经深入了解，我才发现这个问题可能得用一整本书的篇幅才能说清楚。在收集研究资料的过程中，我也获得了无比宝贵的启发。弗雷德·布拉斯韦特、迈克·哈默、纳斯、拉尔夫·迈克丹尼尔斯等人带给我的启发尤其大。

伯纳德·泰森经营着全美最大的医疗保健公司，公务繁忙，尽管如此，但他还是不吝时间，为我提供了许多宝贵帮助。

还要感谢唐·汤普森、玛吉·威尔德罗特、斯图尔特·巴特菲尔德、陶德·麦金农、马克·格兰尼、帕特里克·科里森、阿里尔·凯尔曼、李·恩德雷斯和迈克尔·奥维茨。在与我的谈话中，他们无私分享了自己的人生经验与洞见。

杰克·韦瑟福德与弗兰克·麦克林恩二人的著作使我对成吉思汗其人有了全面的了解。他们的文字更是帮助我发现了成吉思汗的文化理念与其军事策略之间的密切关联。

感谢小亨利·路易斯·盖茨，在他的协助下，我得以查阅手稿，尽可能准确地再现杜桑·卢维都尔的生平。还要感谢菲利普·杰拉尔德，是他对于海地革命做出的令人叹为观止的研究，让我发现了卢维都尔作为文化思考者的独到之处。

许多人曾读过本书的初稿，并给出过宝贵的建议，谨向他们表达谢意：马克·安德森，阿曼达·海瑟，大卫·霍洛维茨，伊莉莎·霍洛维茨，费利西亚·霍洛维茨，朱尔斯·霍洛维茨，索菲亚·霍洛维茨，迈克尔·奥维茨，克里斯·施罗德，沙卡·森格尔，梅里尔·斯塔布斯，以及吉姆·苏洛维基。

感谢我的出版商赫里斯·海姆，是他鼓励我完成了本书。他坚信我的写作能力，这份信念是我灵感的源泉。感谢我的经纪人阿曼达·乌尔班，她给了我信心，使我能完成海地革命的相关章节，在工作中，她是我坚定的支持者与协作者，无出其右。

最后，我还要感谢泰德·弗兰德。没有他的帮助、坚持、富于创造性的斗志，没有他对于我们之间这份合作事业的奉献，我不可能写成任何一部作品。谢谢你，泰德。

向允许我转载以下内容的机构和个人致以最诚挚的谢意：

"Prophets of Rage": Words and music by Carlton Ridenhour, Hank Shocklee, and Eric Sadler. Copyright © 2008 BMG Platinum Songs, Songs of Reach Music, Terrordome Music, Shocklee Music, Your Mother's Music, and Songs of Universal, Inc. All Rights for BMG Platinum Songs, Songs of Reach Music, Terrordome Music, and Shocklee Music administered by BMG Rights Management (US) LLC. All rights reserved. Used by permission. Reprinted by permission of Hal Leonard LLC.

"Who Shot Ya": Words and music by Christopher Wallace, Sean Combs, Allie Wrubel, Herb Magidson, and Nashiem Myrick. Copyright © 1994 EMI April Music Inc., Big Poppa Music, Justin Combs Publishing Company, Inc., Music Sales Corporation © 2002 Bernhardt Music and Top of New York, Nashmack Publishing. All Rights on behalf of Bernhardt Music administered by WB Music Corp. Nashmack Publishing administered by the Administration MP, Inc., EMI April Music Inc., Big Poppa Music, and Justin Combs Publishing Company, Inc. administered by Sony/ATV Music Publishing LLC, 424 Church Street, Suite 1200, Nashville, TN 37219. International copyright secured. All rights reserved. Reprinted by permission of Hal Leonard LLC, Alfred Music, and the Administration MP, Inc.

"Honest": Words and music by Nayvadius Wilburn, Leland Wayne, and Gary Hill. Copyright © 2013 IRVING MUSIC, INC., NAYVADIUS MAXIMUS MUSIC, PLUTO MARS MUSIC, and SNRS Productions, WB Music Corp. and Irving Music Inc. All Rights for NAYVADIUS MAXIMUS MUSIC and PLUTO MARS MUSIC administered by IRVING MUSIC. All Rights on behalf of Itself and SNRS Productions administered by WB Music Corp. All rights reserved. Used by permission. Reprinted by permission of Hal Leonard LLC and Alfred Music.

你所做即你所是

Inc. administered by Sony/ATV Music. Publishing LLC, 424 Church Street, Suite 1200, Nashville, TN 37219. International copyright secured. All rights reserved. Reprinted by permission of Hal Leonard LLC and Kobalt Songs Music Publishing.

Music Clearance Services by Anna Keister of Forza Rights MGMT, LLC.